抗日英雄小故事 系列

马本斋

周东升　汪铮／主编

夷萍／编著

团结出版社
UNITY PRESS

图书在版编目（CIP）数据

马本斋／夷萍编著.--北京：团结出版社，
2015.6（2021.9重印）
（抗日英雄小故事系列／周东升，汪铮主编）
ISBN 978-7-5126-3667-5

Ⅰ.①马… Ⅱ.①夷… Ⅲ.①马本斋（1901～1944）
-传记-青少年读物 Ⅳ.①K825.2-49

中国版本图书馆CIP数据核字（2015）第134004号

出　　版：团结出版社
　　　　　（北京市东城区东皇城根南街84号　邮编：100006）
电　　话：（010）65228880　65244790（出版社）
　　　　　（010）65238766　85113874　65133603（发行部）
　　　　　（010）65133603（邮购）
网　　址：http://www.tjpress.com
E-mail：zb65244790@163.com（出版社）
　　　　　fx65133603@163.com（发行部邮购）
经　　销：全国新华书店
印　　刷：天津兴湘印务有限公司

开　　本：670毫米×960毫米　16开
印　　张：8.25
字　　数：77千字
版　　次：2015年6月　第1版
印　　次：2021年9月　第4次印刷

书　　号：978-7-5126-3667-5
定　　价：29.80元

目　录

抗日英雄
马本斋

002

抗日英雄
小故事

第一章：英雄起步

第一节：子牙河边的马家

（一）

1902年初，河北省沧州市献县的子牙河被一场突如其来的大雪冰封，远远望去，像一条银白色缎带，闪闪发光。在子牙河的北岸，坐落着一个小村庄，叫作东辛庄。东辛庄在雪的点缀下，成了一片白茫茫的世界，更加宁静、淳朴，像是一个世外桃源。这里就是冀中平原，有许多回民长期居住于此，而我们的抗日英雄马本斋此时来到了这个战火纷飞的世界。

东辛庄的村头有三间破旧的土房，土房里小本斋的母亲白文冠正坐在床上哄着小本斋入睡。她温柔地看着小本斋，嘴里轻轻哼着歌，眼睛里全是柔情与爱怜。虽然这是她的第二个孩子，但是那种为人母的喜悦仍然在这寒冷的冬季久久地温暖着她的心。而父亲马永长则在旁边温柔地看着这母子俩，有一句没一句地和妻子聊着。马永长望着窗外鹅毛般的大雪，感叹地对妻子说道："都说'瑞雪兆丰年'啊，依这雪的势头儿，希望今年能有好收成，那我们回族的生活就好过一点儿了啊！"

白文冠望着丈夫眼里的那份期待，微笑着说："可不是，老天爷下这雪，肯定是祥兆，我们家又添了这个小家伙，以后的日子肯定会越过越好的。"话还未说完，她又将目光放在了小本斋身上，久久都未移开。

马永长走到妻子身旁，看了看小本斋，说："希望这孩子能在这乱世中健康地长大，不求他大富大贵，只愿他能平安。"

妻子压低声音回道"会的"，就再没有说话了，显然是怕吵醒孩子。马永长只好回到桌旁，倒了一杯水，咕噜咕噜地喝完，忙自己的事情去了。

春去秋来，转眼间小本斋也有十来岁了。小本斋虽然年龄还小，但是却十分乖巧懂事，经常帮着母亲干些力所能及的家务活，是村里面人人都夸的好孩子。白文冠心地善良，秉性刚强，待人宽厚，邻里之间有什么需要帮助的，她都会竭尽全力。她还略识文字，经常给孩子们讲一些英雄人物的故事，例如苏武牧羊、岳母刺字、木兰从军等。当初，白文冠给小本斋讲"岳母刺字"的故事后，小本斋天天吵着让白文冠也在自己身上刺上字，说长大了也要保卫国家，做个大英雄，乐得白文冠嘴都合不拢。而白文冠的言传身教，更是对小本斋的品性产生了深刻的影响。

眼看着小本斋一天天长大，也是到了去私塾读书的时候了。马永长和妻子商量着把小本斋送到私塾去读书，而在一旁的小本斋则一脸期望地望着父母。白文冠看着儿子纯真的笑脸，想到这个二儿子聪明，有志气，就更加坚定要送他去读书的决心。马永长心中还有一些顾忌，家里并不富裕，很难担负起小本斋读书的费用，要是小本斋去私塾读书的话，家里面更加要节衣缩食了。

白文冠心里明白丈夫的想法，缓缓地说道："让孩子去读书，他可以认识很多很多的字，也可以学到很多很多的道理，先生也可以给他讲很多很多的故事，本斋不是最喜欢听故事的吗？读书识字，定不会错的。"

小本斋一听到可以听故事，高兴得眼睛直放光，跑到白文

抗日英雄
马本斋

冠旁边问："娘，真可以听到许多故事吗？那我要去私塾读书，我要去。"

马永长站起来，眉毛紧皱，长叹一口气说："真要让这小子去？要是这小子不好好读，岂不是鸡飞蛋打？而且送他去私塾读书也……"

小本斋一听父亲的话，害怕父亲不送他去读书，连忙拽着父亲的手说："爹，你放心，我会好好跟先生学习的，我保证不会调皮，好好学，为我们回族也争口气。"

白文冠看着小本斋心急的模样不禁笑了出来，转过身对丈夫说道："钱的事我们可以想办法，我们俩就算是少吃点少穿点，也要筹够钱让他去啊。"

马永长见妻子心意已决，只好应允了。

第二年的开春，子牙河面的冰正在逐渐融化，天气也在逐渐回暖，整个东辛庄都弥漫着春的气息，给生活在这个小村庄的回民们无限的希望。今天对小本斋来说即是充满希望的一天，也是特殊的一天，他早早就起了床，梳洗干净，帮家里面做了家务活，表现得十分乖巧，因为今天母亲要带他去私塾见先生，他终于可以去上学了。

白文冠也是一大早就起床，为家人做好了早饭，现在大家都在饭桌上吃着。小本斋笑眯眯地吃着饭向父亲问道："爹，先生凶吗？我要是犯了错，先生会不会打我啊？"

马永长扫了小本斋一眼，喝了口手中的粥才说："犯了错，就算先生不教训你，回来我也会收拾你，要好好听先生的话。"

小本斋看见父亲这么严厉，连忙低下头大口大口地喝着粥，一句话都不敢说，只敢用余光观察着父亲的表情。

白文冠将这一切都看在眼里，为马永长又盛碗粥递给他，说："好了好了，大早上的，别吓着孩子了，本斋会听先生的话的，本斋，是不？"

小本斋一心在观察父亲，母亲说什么压根儿就没听进去，一听母亲叫了他的名字，还盯着他，只傻愣愣地冒出了一个字"啊"？

白文冠看着傻愣愣的儿子说："快吃，吃完了送你去先生那里，今天第一天上学，可不能迟到了给先生留个坏印象。"

"嗯，娘，吃完了咱们就走。"小本斋高兴地应道。

这时，吃完早饭的马永长从衣兜里拿出一吊钱，递给白文冠："这是本斋的学费，你拿着，别丢了，去了好好给先生说说咱儿子的情况，我先去干活儿了。"说完就走了。

白文冠小心翼翼地将这吊钱放在兜里，自知这钱来之不易啊。皇帝是没了，但是老百姓的生活还是没有改善啊，到处都在打仗，也不知何时是个头儿。她看着本斋问道："本斋长大了想干吗呢？"

小本斋抬起圆圆的脑袋，用袖子擦了嘴巴说："我要让爹和娘过好日子，不用这么辛苦。"

白文冠边收拾着碗筷边说："不止我和你爹，还有其他的回族人呢？如果有能力，更要尽自己的力量帮助别人啊！"

小本斋离开饭桌，摆弄着自己的衣服说："我知道，要乐于助人，前天我还帮村里的刘奶奶打扫院子，刘奶奶还夸我，给了我好多糖吃，可好吃了。娘，可以走了吗，我好想快去听先生讲故事。"

白文冠看着小本斋心急的模样说："好好好，这就去，走吧。"

"走喽！"小本斋飞奔出去，高兴得像天上自由飞翔的鸟儿。

白文冠带小本斋去见的这位先生名叫哈二，大家都叫他哈先生。哈先生是慈禧和光绪年间开"恩科"的秀才，在河间府做过师爷。清朝灭亡，民国兴起后，哈先生失业了，只好回到了东辛庄，当个教书先生。东辛庄的村民们大都没有什么学问，能断文识字的人少之又少，在大家眼里，哈先生是个博学多才的人，所以都很敬佩他。

白文冠带着小本斋来到了学校，学校里书声琅琅，一群小孩子们坐得笔直，摇头晃脑地读着手中的书。在教室的前面，有位先生正坐着在书上写着什么。哈二看见白文冠连忙走出来，来到白文冠和小本斋面前，两手作了个揖说："白文冠呀，这就是本斋吧。"哈先生看了看小本斋，捋了捋长长的胡须，"你请放心，本斋来学堂启蒙，鄙人定会好好教导的。"

白文冠将兜里的钱交给哈先生，然后对小本斋说："本斋，要好好听先生的话，不要调皮。"

小本斋用小手拍了拍胸脯，像个大人一样说道："娘，你尽管放心，我不会让你失望的，我会跟着哈先生好好读书的。"

"哈哈哈……果然是懂事乖巧啊。"哈二笑着捏了捏小本斋的脸蛋。

"那本斋就交给先生你了，你老多费心了！"白文冠道。

就这样，小本斋正式入私塾读书了。小本斋不仅聪明，而且很用功，先生指定背诵的课文，小本斋读几遍就能完全背诵，什么《三字经》《弟子规》，都难不倒小本斋。小本斋认识的字逐渐多了起来，就开始读《三国演义》《水浒传》里面的一些精彩篇章，小说中的英雄人物潜移默化地影响着他，他心里默默地想着长大了也要做个顶天立地的大英雄。不仅这样，小本斋对哈二先生规定阅读的一些书籍，都有着自己独到的见解，不像其他学生那样人云亦云，哈二先生说是什么就是什么，而是自己思考，得出结论。在村里面，大家都知道小本斋是一个优秀的学生，可羡慕白文冠有这样一个优秀的儿子。

可是这天，白文冠却和哈二先生怒气冲冲地满村子找小本斋，小本斋吓得在青纱帐里到处穿梭，躲避母亲和哈先生。

"本斋，本斋呀。"白文冠大声呼喊着。

小本斋听见后，从茂密的青纱帐里面慢慢地走出来，带动着青纱帐发出"簌簌"的声音，看见哈先生，更是放慢了脚步，心虚地叫了声"娘，哈先生。"才慢慢走到白文冠前面。

白文冠看见小本斋后严厉地说："说，为啥逃学？"而小本斋只是害怕得闭口不答。

哈先生见到这个情况，从袖口里面抽出一张纸，拿给白文冠说："白文冠，你看看这张卷子，你看看。我教了一辈子的书，还没有见过像你们家马本斋这样干出这种邪事儿的，愣敢把我亲自发下去的卷子给改了，真是气死我了。"说完哈先生用手帕擦了擦脸上的汗。

白文冠接过卷子看了看，抬起头问："本斋，这卷子真是你改的，啊？"

小本斋低着头，面露难色地回答说："是。"

白文冠一听，顿时心里十分难受，生气地说："为啥要改，为啥啊？你说啊！"

小本斋两只手不停地绞着，突然抬起头斩钉截铁地说："说得不对，这卷子说得不对。"

"怎么不对？你知道你念的是什么吗？《增广贤文》啊，圣人之言哪！圣人说的话，你敢说不对？"哈二先生激动地对小本斋说。

小本斋坚决地说："就是不对，上面说'贫穷自在，富贵多忧'，就是不对。"

哈二先生听到小本斋念出的这句话，更是十分生气，对白文冠说："对，对，就是这句，圣人说得多好啊，可他马本斋居然给改成了'富贵自在，贫穷多忧'，这多荒谬嘛，这简直是天大的笑话呀！"

小本斋不服气地说："唐诗比他说得好：'春种一粒粟，秋收万顷谷。四海无闲田，农夫犹饿死。'"说得先生哑口无言。

白文冠明白究竟是怎么一回事了，她理解小本斋的心情，家里实在过得太苦，她长吁一口气对哈先生说："先生，我觉得孩子的话，也有几分道理。"

哈先生气得直哆嗦，大声说："哎哟，怪不得！怪不得！真是子不教父之过呀。要是这样下去，那将来长大还不犯上作乱，还不造反！你们母子俩，得向我认错。"

"我没错。"小本斋急急地说道。

哈先生看看小本斋母子，赌气地说："好，好，你们没错，古人错了，我错了。你们家马本斋我教不了他，你另请高师吧！"

白文冠通过这件事心里就觉得哈先生交给小本斋的东西有些已经不合时宜了，于是就接着哈先生的话说："您这话当真！本斋，给先生磕头，谢谢先生。"

哈二先生本以为白文冠会极力挽留他的，没想白文冠让本斋拜别他，于是甩甩衣袖，气呼呼地走了。

小本斋看见哈先生就这样走了，小声说："娘，你不怪我吗？"

白文冠回答说："不怪，你说得真有理，走，回家吧。"

就这样，小本斋再也没去过学堂，天天开开心心地生活着。

（二）

民国七年，河间发生了特大水灾，两岸十分凄凉，村民们被逼无奈，大都背井离乡，出外谋生。这天，长期出门在外的马永长终于回来了。一走进院子就看见妻子和两个儿子在院子里吃饭，二儿子却跪在院子中，身前放着凳子，凳子上有本书。这个被罚跪的小子，就是长大了的马本斋。前一天马本斋和村里面差不多大的孩子大奎比武，把他打得鼻青脸肿，白文冠正罚他。

本斋看见他爹回来了，高兴地想站起来，却被母亲呵斥，又跪了下去。马永长看着二儿子说："怎么又跪着呢，又犯错啦？"

"我二哥跟大奎比武，我二哥赢啦。"马进坡自豪地说。

马永长关心地问："那伤着没有啊？"

白文冠说："人没事，要是伤着了，人还在这儿？"

马永长对白文冠笑笑说："看在我刚回来的份上，就让他起来吧！"

白文冠走到马本斋旁边狠狠地说："要不是你爹回来了，我就让你跪到明早鸡叫，起来，吃饭去。"

马本斋高兴地竟跳了起来，一家人笑个不停。

夜晚，天空的月亮又大又圆，照得东辛庄十分明亮。马永长和白文冠在屋里的床上坐着，白文冠边补衣服边说："让本斋练武，是为了让他有个好身板，以后出门在外不至于受人欺负。可他倒好，和大奎比武，把人家打伤了。"

"这孩子……"马永长无奈得很。

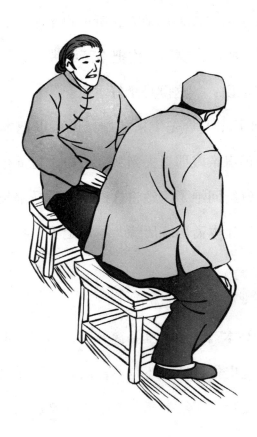

"他爹，这趟回来就别走了，为了这点血汗钱，你受苦了。"

"如今这世道，兵荒马乱的，外面的活儿都不好找。可在家里待着，就那点坰，能刨出几个粮食来啊，我还是想走。凭我能伺候马这点手艺，我想到张家口或口外碰碰运气，看能不能找到赶马的活儿干。"

白文冠担心地说："你每次出门，我都睡不踏实，老做噩梦，我是放心不下你啊。"

"他娘，你在家带孩子也十分不易，咱啥也不要说啦，拼命挣点钱，给孩子奔个好生活吧。"马永长慢慢地说道。

白文冠建议说："口外那地方，听说也不平静，要是能搭个伴儿，好歹有个照应，要不，你把本斋给带去。"

马永长高兴地说："这倒是个好主意。"

白文冠想起了昨天哈先生来找她，说可以把本斋弄到他那个叫周朝贵的远房亲戚那里去当兵，可白文冠觉得当兵这碗饭不好吃，于是就给回绝了。她将这件事告诉马永长说："让本斋陪你去，可以让本斋历练历练，本斋走了，哈先生也没办法了。"

马永长说："好，就这么办吧！"

过了几天，马本斋和父亲准备离开了，白文冠带着两个儿子和他们告别，走出村好远了还是不肯回去。子牙河旁的芦苇被秋风吹得摇头晃脑，空气中充斥着浓浓的离别愁绪。马本斋心疼母亲，停下来说："娘，别送了，快回去休息吧！大哥、三弟，你们要好好照顾娘，这几天老是听到她咳嗽。"

"放心吧，二弟，我们会好好照顾娘的，你出门在外，更要注意安全啊。"大哥马守棚叮嘱道。

白文冠眼里含着泪花，满眼不舍地说："你要听你爹的话，不要累着了，娘在家里等你爷俩。好了，天儿也不早了，你们赶快上路吧！"

马本斋和父亲踏上了未知路，白文冠站在原地许久许久，看着儿子和丈夫的身影慢慢消失……

第二节：当兵习武

（一）

马本斋和父亲经过一路颠簸，来到了张家口外。每年春天，这一带都有些商人常来贩马，本斋和父亲找到了一个东家，为他们赶马，以此来营生。在这广阔的草地上，马本斋父子兢兢业业，深得东家的喜欢和信任，本斋还练就了一身好骑术。时间一天天过去了，马儿也越发健壮，东家想将这些马送到山东去卖，不料，妻子却突然生病了，没有办法动身，所以就委托本斋父子代为前往，卖掉马换回马金。马永长见东家这么信任他们父子俩，对东家再三保证一定会回来把马金交给他的。

就这样，马本斋和父亲赶着一群马，踏上了去山东的路。这一路路途遥远，经常无法找到人家或旅店住宿，本斋父子只能在一些草堆里过夜，还要照看马匹，十分辛苦。本斋赶着马匹对马永长说："爹，等卖掉马匹，换了马金，回去交给东家，我们就可以领了工钱回家看娘了吧！我想给娘买些好吃的。"

马永长笑着说："亏你小子还有这份孝心，你娘肯定会乐坏的。还有一天就到了，可不要出什么岔子才好。"

马本斋扭过头说："爹，你放心好了，能出什么岔子，我会照顾好马匹的。"

马永长担心地说："刚过去的那两个人，跟着咱们好久了，会不会是土匪，我们被盯上了吗？"

马本斋顿时也警觉起来："土匪？不会吧。爹，那怎么办？我们要不要加快点速度，赶紧走。"

马永长连忙附和道："对对对，赶紧走。"

马本斋父子加快了速度，夕阳西下，他们来到了一片树林里，打算在此休息一晚，明早再走。

天快亮的时候，马本斋睡得迷迷糊糊的，听见身边有响动，立刻就起来叫醒了父亲。父子俩看见有十来个人将他们围了起来，大有来者不善之意。本斋对着他们问："你们是谁啊？"

有个好像是带头的只简单地回了个"沙维州"。本斋越发懵了，不解地问："沙维州是谁啊？"

带头的笑了两声，对本斋说："你没听过这响当当的名号，那兄弟们，我们今个儿就让他听听，哈哈哈哈……"

本斋这算是明白过来了，走向前说："你们是土匪。"

沙维州恶狠狠地说："你知道土匪是干什么的吗？"

本斋咬着牙说："杀人放火，抢东西的。"

"好，有点儿意思。你最好乖乖地让爷骑上你的马，好顺顺当当去做买卖。"沙维州嚣张地说。

马本斋见沙维州如此嚣张，毫不妥协，站直了腰板说："不行，你不能抢走我们的马。"

马永长见状连忙说道："这位爷，这不是我们的马，是我兄弟的，我是帮他赶的，求求你，放过我们吧。我们是穷人，要是没了这些马，我们可是赔不起的啊！"边说边给沙维州连连作揖。

沙维州嘲笑道："什么穷人不穷人的，我也是穷人。告诉你，爷只想取财，不想害命，要是你把我给逼急了……"

马本斋连忙用双手护住父亲，斩钉截铁地说："绝对不行，你抢走我们的马，就是要了我们的命。"

"哈哈哈，这个小哥有点意思。可惜呀，爷没空陪你们聊，爷取走了马，你们爱上吊想投河，上哪儿都行，只要不死在我手里，爷我还是干净的。"沙维州无情地说。于是沙维州掏出

抗日英雄

马本斋

腰间的手枪，向天开了一枪，他的十几个手下就纷纷去牵那些马儿。

马永长见那些马被土匪牵走，想死的心都有了，不知哪来的劲儿，冲上去抱住马背上沙维州的大腿不放。而马本斋也与其他土匪周旋着。黑心的沙维州不管马永长的死活，竟然策马飞奔起来，而马永长更是不愿放手，就这样被马一直拖着走。本斋看见父亲那样危险，不停地朝父亲奔去，无奈双腿难以追上健壮的马儿，着急地不停大声叫着："爹，爹……"

同时，沙维州用鞭子狠抽着马永长叫他放开，可是马永长不但不放，还哭喊着："沙维州，沙维州，你停下，你还我的马。"就这样，马永长被拖着百米远，实在支撑不住，松了手，昏厥了过去，而沙维州也跑得不见了人影。

马本斋见父亲趴在地上，飞奔过去，恨自己的双腿不能再快点儿。跑到父亲身边，发现父亲已经不省人事，只好对着父亲大声说："爹，爹，你咋样了，你坚持住，我马上带你去看大夫。"马本斋背起父亲，一步一步地走着，嘴里不停地说着鼓励父亲的话，走了一个多小时，终于看见了几户人家，于是急切地跑过去敲门："有没有人啊？快开开门，我们遇到难事了，救救我爹，快开开门呀，求求你了！"

来开门的是个老伯，看见马本斋爷俩，连忙过来搀扶说："这怎么回事啊，怎么伤成这样？快进来，进来再说。"

马本斋赶紧把父亲背进去，轻轻地放在床上。老伯叫自己的女儿淑芬去打点热水来，自己也忙着看马永长的伤。经过检查，马永长身上的大多是皮外伤，只是小腿受伤特别严重，需要找大夫来治疗。本斋心里特别难过，身上也没什么钱，对罗大伯解释说："我们本来打算赶马去山东卖的，谁知道路上碰到了土匪，把我们的马给劫了，我身上也没什么钱，大伯，你看能不能先借点给我，让我能给爹请个大夫。"

罗老伯说："你先别担心，钱的事我会想办法，你先照顾照顾你爹，我去给他请大夫。"

听罗老伯这么说，马本斋激动地说："谢谢你，老伯，谢谢你。"

罗老伯请来了大夫，大夫为马永长上药包扎好，开了几服药，叮嘱了几句，就离开了。而忙了一整天的罗老伯和女儿淑芳也休息了，马本斋不放心父亲，一直守在父亲身旁，一步也未曾离开。

半夜，马永长终于醒了，呼喊着要喝水，睡得迷迷糊糊的马本斋听见父亲的声音，赶紧起床倒了杯水伺候父亲喝下。马永长喝下水，感觉嗓子舒服了许多，睁开眼睛看见本斋问："这是哪儿啊？我们的马呢？"

本斋看见父亲醒了，心里的大石头终于落下了，向父亲解释道："这是罗大伯家，是他救了我们。至于马的事你老就不要操心了，现在最关键的是养好身子再说。"

马永长一听本斋这样说，就知道马是找不回来了，气愤地直咳嗽："这帮土匪没人性啊，我们怎么给东家交代啊。对了，本斋，我在山东认识一个叫刘沛然的巡警，明早儿你去找找他，看看他有什么办法。他为人仗义，能帮我们绝对会帮的。"

本斋不放心父亲的身子，说："爹，等过几天你身子好点儿了，我就去，你就不要操心了，赶紧休息吧！"边说边扶着父亲躺下。

马本斋父子俩在罗老伯家住着，马永长总觉得不好意思，身上也没什么钱，不能报答这好心的父女。而懂事的本斋也看出了父亲的心思，就帮着淑芬劈柴、扫地、做饭……深得罗老伯的喜爱，而淑芬更是芳心暗许。这天，马本斋来到了山东，几番打听终于找到了巡警刘沛然。刘沛然听了事情的来龙去脉，知道本斋是马永长的儿子，就把他带到一家茶馆，边喝茶边聊。

马本斋喝了一口茶急切地说："刘大哥，你说这事怎么办啊？马还找得回来不，我爹都快急死了。"

刘沛然叹口气无奈地说："马老弟，这沙维州是那一带出了名的恶霸土匪，不过前天沙维州的土匪窝子被柳林霸给一锅端了，沙维州也不见踪影，估计你的马已经在柳林霸手里了。"

马本斋仿佛看见了一丝希望，问："这柳林霸又是谁？我们可以找到他，给他说说，让他把马还给我们。"

刘沛然惊讶地看着本斋："你连柳林霸也不知？他是比沙维州还要凶悍的土匪，你能找土匪说理去？"

马本斋一听急了，拍了一下桌子大声说："那官府怎么不管，你们警察呢？我们老百姓这样受欺负，找谁申冤去？"

刘沛然也理解马本斋的心情，苦笑着说："我们也有我们的难处，现在这一带日本人的势力越来越大，社会动荡，土匪也越来越多，管不着啊。而且官府，那是什么人的官府啊，你什么时候看见过官府为咱穷人撑过腰，说过话啊。"

马本斋心里气急了，说："那咋办？我们百姓就一直受欺负？"

刘沛然看马本斋那么失落，安慰着说："本斋，我看你也长得壮实，又会点儿武功，干脆扛枪去。有了枪，将来咱们也带兵，看那些日本人、官府还敢欺负咱。我有个叔叔在奉天，是个师长，我们可以去那里。怎么样，本斋，和我一起去当兵吧？"

马本斋想了想说："好，刘大哥，我跟你去。"

就这样，马本斋随刘沛然去当兵了。他们来到了奉天，找到刘沛然的叔叔刘珍年，因为刘沛然当过巡警，有一定的经验，当了副连长，而马本斋就被分配到张进财手下当了新兵。马永长见儿子当兵去了，病也好得差不多了，罗老伯和淑芳就将他送回家了。马本斋就这样走进了兵营，开始了他传奇而又坎坷的人生的另一章。

（二）

马本斋领了军装，穿戴整齐就去张进财的连报到了。这个张进财是军长身边的一条狗，和师长刘珍年是貌合神离。听见刘珍年要调个兵到他的连，以为是派来监视他的，对马本斋是百般刁难。

马本斋报到那天，就看到张进财在狠狠地抽打一个士兵，这个士兵双手双脚被捆着，几乎快撑不下去了。而在一旁的士兵没有一个敢上前去阻止的。马本斋看不下去了，上前阻拦说："这不能再抽了，再抽他就快死啦！"

张进财笑嘻嘻地说："不能再抽了，你知道他犯了什么事吗？他是逃兵，打死他也不为过。"

马本斋看见那士兵奄奄一息的，就说："还剩多少鞭子？剩下的鞭子，我替他挨。"

张进财本来就想给马本斋来个下马威，本斋这样一说，正中他下怀："哦，这可是你自愿的，没人逼你吧，好，就这么办了。"说完，就开始狠狠地抽打马本斋。

马本斋替那个逃兵挨了剩下的六鞭后，将他绳子解开，小心地扶到屋子里，帮他上了药，细心地照顾着。

日子一天一天地过去了，马本斋逐渐适应了军营里的生活，这些日子也让他看清了张进财搜刮民脂民膏的丑恶嘴脸，心里也一直堵着一口恶气难以发泄。在军营里，马本斋和兄弟们和谐相处，他又乐于助人，所以大家都十分喜欢他。他勤奋用功，虚心请教，许多方面都有很大的进步，可就是枪法难以突破。张进财就像是抓到把柄一样，要检查本斋的枪法，在考察中，本斋连发三枪，一枪都未中靶。张进财踢了本斋一脚，幸灾乐祸地对本斋吼道："你是怎么打的，你自己看看，全是光头，今晚别吃饭了，吃鸭蛋得了。"说完，就走了。

在一旁的一个士兵看见了，走过来对马本斋说："兄弟，你这是蛮练哪，你这么练，练死了也上不了靶，我来教你。"说话的这个人正是被本斋救下来的那个逃兵于华龙。

本斋高兴地说："你当真教我？"

抗日英雄

马本斋

于华龙盯着本斋说："我告诉你，我教你不是为了回报你，就是为了让你能在张进财面前露一脸，气死他。"

本斋就这样开始跟着于华龙学习枪法，当别人出去玩乐时，他每天都坚持抽出时间努力练习，毫不懈怠，经过于华龙的指点，本斋找到了诀窍，进步神速。

不久后，军长张宗昌来到张进财的连部检阅，一个劲儿地夸张进财兵带得好。这个张进财搜刮的民脂民膏一大半都是"孝敬"给张宗昌，可谓是蛇鼠一窝。张宗昌来到士兵们面前，摸着圆滚滚的肚子说："你带的兵连大帅都记得，有没有出什么神枪手啊？"

张进财哈着腰，谄媚地说："报告军长，除了于华龙以外，还没出过。"

在一旁的连副刘沛然站出来向军长张宗昌敬个礼说："报告军长，连里刚出了一个，是连长谦虚。"

"刘连副，你谎报军情，咱们连哪有什么神枪手，这个人在哪里啊！"张进财大声呵斥道。

刘沛然笑笑说："我看连长最近里里外外忙着收粮食，这连里出了神枪手你都不知道。马本斋呀！"

张进财不屑地说："他？他算什么神枪手啊，他的枪法连我都不如。"

张宗昌见状下令说："好，既然这样，就让那个马本斋出来比试比试。你们比得好，我高兴，比得不好，我当是听响，哈哈哈。"

张进财掏出腰间的短枪，对着几米外苹果树上的苹果"砰砰"地开了两枪，两个苹果应声而落。

张宗昌拍着巴掌说："妙，妙，你小子还有点身手。"

轮到马本斋了，他并没有像张进财一样，朝着苹果开枪，而是拿出一个银元，抛到空中，向银元开了一枪，子弹直接射穿银元的圆心，激动得士兵们拍手叫好。

张宗昌看到后对一旁的刘珍年说："这小子身手不错啊，珍年啊，给我个面子，这小子还行，以后给他弄个棚长、排长的干干，好好带带，说不定以后对我们还有用。"

刘珍年本来就很赏识马本斋，对军长说："好，我马上办。"

就这样，马本斋升职当了棚长，这也是本斋初露头角。

马本斋当棚长的那一年，奉系和直系爆发了战争，这是马本斋参加的第一次战役。在这场战役中，马本斋表现优秀，师长刘珍年特意推荐他到奉天讲武堂第三期去学习。马本斋进了东北讲武堂，在日本教官的指导下，他的军事技术、军事理论有了很大的提高，他感觉到离自己心中的梦想越来越近了。

来东北讲武堂学习的，大多数都是有权有势的人，像马本斋这样的回民还是第一个。然而在一次战术演练中，却充分体现了马本斋的与众不同。那天，各班的学员都分队展开，准备训练。教官一声令下，大家都按着教官平时所教的前进。由于前晚下雨，训练场地上有一大摊泥水还未干，经过的士兵都是绕道而行。轮到马本斋的时候，他每个动作都完成得十分标准，更是从那滩泥水中匍匐前进。在一旁的总教官看见后突然叫一声："停！"然后走到演习的士兵中说："你们都要记住，操场如战场，不是榻榻米，你们都要按照他的样子，完成动作，你们全部重来。"

　　总教官很满意马本斋的表现，对着马本斋问："你叫什么名字？"

　　"报告总教官，我是第三期学员马本斋。"马本斋大声回

抗日英雄
小故事

答着，洪亮如钟的声音在操场上回荡。

马本斋就这样在讲武堂踏实认真地学习着，在这里，他发现自己对军事有着与生俱来的超常的浓厚兴趣。基础训练结束之后，他进入了军事理论的研读，军事知识也越来越丰富。结业那天，他以第一名的成绩毕业，山本总教官还送了他一把军刀。但是马本斋心里十分清楚，日本人是在利用讲武堂进行奴化教育，想培养大量亲善日本的力量，他一直盼望着能够重归队伍，走上正道。

第三节：步步高升

马本斋回归部队时，第二次直奉战争已经接近尾声。张宗昌败走大连后，倾向国民革命军的刘珍年最终脱离了张宗昌，成为胶东防御总指挥，而马本斋是其麾下的一名营长，这一年，马本斋24岁。马本斋的三弟马进坡也从老家来到山东，找到马本斋，参加了革命。

张宗昌一直计划着要夺回胶东，所以联络了散在各地的势力，差不多有四万人，而且还勾结日本人，找日本人做靠山为他们出钱、出枪，就是想打败刘珍年，抢回自己的地盘。而刘珍年虽然号称一个军，但还不到万人，势力悬殊实在很大。

1929年，张宗昌在日本人的支持下，纠集四万余人在胶东龙口登陆，刘珍年由于寡不敌众，不得不放弃烟台，退守牟平。张宗昌穷追猛打，一刻也不肯停息，率军完成了对牟平的合围。而马本斋一路出谋划策，暂时守住了牟平。这天，刘珍年找来马本斋和刘沛然商量对策，刘珍年对马本斋说："本斋，这几天你辛苦了，牟平能守下来，我给你记头功。张宗昌以为靠他那些乌合之众就能夺回胶东，那是痴人说梦。我们人虽少，但是顺应民心，只要你守住牟平，张宗昌围久必乱。"

马本斋挺直腰板说："师长放心，张宗昌我们一定会狠狠地打，让他永远爬不起来。"

刘珍年转过身去对刘沛然说："沛然啊，我们要打起革命军的旗帜，让每个战士都带上革命军的红领带，我们是革命军打军阀呀！"

刘沛然说："军长，我都准备好了，你放心。"

刘珍年打着革命军的旗号，就是南京蒋介石的麾下。刘珍年和蒋介石是保定学校的同窗，这次被围，刘珍年向南京求救。可是南京发回的消息说："珍年兄，顷闻噩讯，张宗昌重蹈胶东，破坏革命，本人痛恨不已，若远水不能救近渴，坚信吾兄雄才大略，兵强将勇，定能将张部痛歼于牟平。"气得刘珍年好久也缓不过来。

刘沛然劝说道："师长，姓蒋的不是好人，他不来也是好事，他巴不得我们和张宗昌两败俱伤，他好一口吞下胶东。"

刘珍年着急地说："张宗昌火力很猛，我们伤亡很重，弹药也快没有了，城内人心浮动啊！"

马本斋见军长如此着急，上前说："师长，我有个想法。我们现在被困，只要能神不知鬼不觉地打开一个缺口，杀张宗昌一个措手不及，我们的胜算就很大了。"

刘珍年想了想说："话是这样说，可是怎样才能打开这个缺口呢？"

马本斋解释道："师长，驻守在东面的指挥官是你以前的年副官，而且一直对你十分敬重，我想今夜去会会他，看看他能不能倒戈。"

刘珍年仿佛看到了一丝希望，嘱咐马本斋说："好，但是你一定要注意安全。"

趁着天黑，马本斋偷偷地出城，混进了年副官的军营中，找到了年副官。年副官不解地问道："本斋，这两军阵前，你这是？"

马本斋坐下说："年兄，我不怕死，况且，与年兄的交情，你也不会杀我。咱们长话短说，刘师长让我带来歉意，你跟师长这么多年，关照不佳，让年兄你受委屈了。这是五万两银票，请收好。"

马本斋这番话弄得年副官手足无措，急忙说："这从何说起啊？"

马本斋说："刘师长知道，你跟从张宗昌也是一时受蒙蔽，论你和师长的交情，和兄弟们生里死里拼过的份上，你不会让兄弟们命丧牟平吧？这银票，实不相瞒，是城里的兄弟们凑的，只想请年兄借个道。"

马本斋将计划给年副官说后，年副官立马就答应了，并将银票退还给马本斋，说："我早就看不惯张宗昌的军阀作风，要是能和你们一起把他扳倒，岂不快哉，这银票，太见外了。"

就这样，刘珍年的部队按计划行事，夜晚从城里倾巢出动，借用年副官的道，一到张宗昌指挥部的后面，将其包围，一顿痛打。听到枪响的张宗昌还未反应过来，大声吼道："这是怎么回事，哪里来的军队？"

一个士兵匆匆地跑过来说："司令，不好了，他们打着革命军的旗帜，喊着革命军来了。司令，快撤吧，再不走，就来不及啦。"

张宗昌这时六神无主，吓得想不出应对之策，只一个劲地喊："撤，快撤，快撤。"军队更是被打得七零八落，毫无招架之力。

就这样，刘珍年的军队大获全胜，稳稳地站住了胶东，而马本斋因为这次牟平之战，献策有功，也升职做了团长。刘珍年十分高兴，大摆庆功宴，犒劳士兵。蒋介石也派来督察员黄峰向刘珍年祝捷，并带来了委任状，正式任命刘珍年为国民革命军暂编第二十一师师长兼胶东防御总指挥。但大家都没有想到，这也是马本斋下一个人生转折点的开始。

第四节：解甲归田

刘珍年站稳胶东后，胶东出现了新气象，税赋也没有以前那么沉重，老百姓的生活也稍微好过一点儿，城里也越来越热闹了。但是仍有一些地方匪情严重，扰得一方百姓不得安宁，于是刘珍年决心彻底剿匪，叫来马本斋商量对策。

马本斋到后，刘珍年对他说："记得你以前跟我提过剿匪的事，我认真考虑过了，现在是到了非解决不可的时候了。铲除匪患，咱们在胶东才能更得民心，脚跟才可以站得更稳。"

马本斋激动地说："是啊，师长。老百姓也常说'坐山的土匪，走马的兵，兵干不过匪，匪不怕兵'。"

"是啊，所以嘛，我今天把你叫来，就是想听一听你的高见。"刘珍年边说边坐了下来。

马本斋说："师长，高见算不上，这剿匪的事我已经考虑好多年了，凡物必有其固，这么多年，土匪们把胶东百姓搞得苦不堪言，细究其因，就是剿匪不利。"

刘珍年感叹说："说的是啊，谁愿为剿匪消耗自己的军力、财力，匪患轻了，就睁一只眼闭一只眼，装模作样地打一下。

本斋，你坐。"

马本斋坐下来说："现在的问题就是出在这儿，剿匪不够彻底，死灰复燃，其罪在张宗昌，他不是在剿匪，而是在养匪，吃了很多老百姓的派捐。所以我们这次剿匪，一定要剿彻底喽，把胶东地面的土匪连根拔起。"

刘珍年点点头说："正合我意。本斋，这件事，还是由你干，好歹我们现在是中央革命军了，你可要在这个地面上给我挣个好名声。"

马本斋站起来，向刘珍年敬个礼说："是，请师长放心。"

就这样，马本斋带着自己的部队声势浩大地剿起匪来，他们第一个开刀的就是出名的恶霸柳林霸。这个柳林霸先前和张宗昌勾结，官护着匪，搞得民不聊生。张宗昌垮台后，没办法勾结上刘珍年，竟然勾结上了督察员黄峰，还和黄峰拜了把子，所以更加有恃无恐。他收到消息说刘珍年派了个姓马的来剿他，可是他一点儿也没放在眼里，还是照吃照睡。他没想到，马本斋的士兵们趁着天色漆黑，正在山上搜寻他们的下落，一步步向他们逼近。不久后，马本斋就找到了匪窝，将柳林霸的寨子围得水泄不通。

几声炮响将柳林霸从梦中惊醒，他连外衣都顾不上穿，就拿起床边的枪走出去，正和来报信的人撞个满怀。

"柳爷，不好了，刘珍年的人打进来了，怎么办？"

柳林霸吐了一口口水说："他娘的，想办法冲出去，去烟台找那个姓黄的去，快。"说完，就往外跑去。

这个柳林霸还很狡猾，丢下一帮的兄弟不顾，自己逃了。马本斋不愿这样放过他，对他穷追不舍。没想到柳林霸狗急跳墙，翻墙进了一个院子，将这户人家的老伯给挟持了，而这个老伯就是之前救过马本斋他爹的罗老伯。马本斋带着一群士兵冲进来将柳林霸围住。柳林霸见状，用枪指着罗老伯的头说："马本斋，别上来，要不，我一枪崩了这个老东西。"说完，还踢罗老伯一脚。

马本斋不敢妄动，也用枪指着柳林霸说："柳林霸，你敢，要是你敢动一下大伯，我就崩碎了你。"

在柳林霸手中的罗老伯挣扎着说："本斋，别管我，杀了这个恶霸，不用管我。"

柳林霸更加心慌，边后退边嚷着："马本斋，我们井水不犯河水，你今天放我一条生路，要多少，开个价。"

就在这时，一直躲在屋里的淑芳拿起一个簸箕，悄悄地走到柳林霸旁边，快速地用簸箕盖住柳林霸的头。士兵们见状，赶紧冲上去，将柳林霸制服。淑芳将罗老伯扶起来问："爹，你没事吧！"

被抓住的柳林霸还不甘心，冲着马本斋大声说："马本斋，你不仗义，我告诉你，你怎么抓就会怎么放。"

　　马本斋不理会柳林霸，叫人把他带了下去。然后走到罗老伯和淑芬面前说："你们没事吧？我们马上要去打青龙寨的沙维州，这次剿匪才刚开始，我觉得这里不安全，要不，你们收拾收拾东西，先去我老家吧。"

　　罗老伯想了想，答应了。

　　马本斋趁热打铁，招降了青龙寨的沙维州，沙维州带着一帮兄弟，投了刘珍年的革命军，当上了营长。而柳林霸经过公判，则决定秋后处决。可是令人意想不到的是，柳林霸早就和督察员黄峰勾结，黄峰向南京请示，让放了柳林霸。南京方面更是向刘珍年施压，最后刘珍年不得不放了柳林霸，还让他在黄峰手下当了个队长。这件事让马本斋很不服气，心里憋得窝火，就去向刘珍年讨说法，马本斋不满地说："师长，我们费了九牛二虎之力，剿匪剿匪，可是没想到，最大的匪倒成了国民革命军了，这么大的动静，却流产了，怎么向老百姓交代。"

刘珍年说："本斋，你冷静冷静。你也是学了那么多年的兵书韬略，怎么就看不出这里面的行军布阵呢？小不忍则乱大谋，胶东就是大谋。我这样做，也是为了保全胶东啊。"

马本斋不服气地反问："那剿匪就不算大谋吗？"

刘珍年无奈地说："下棋就是要顾全大局啊，蒋介石因为我不是嫡系，一直不太信任我，不能不从他的意啊。"

马本斋还想说什么被刘珍年给打断了："本斋啊，我难哪。"马本斋没有办法只好作罢。

被放出来的柳林霸一心想着报仇，跟着黄峰，天天想着怎么扳倒马本斋和刘沛然。后来又打着国民党代表的旗号，在军队里上蹿下跳，搜捕共产党，一刻也不消停。

刘沛然的团里就有几个共产党，这招显然是想要对付刘沛然，杀鸡给猴看。刘珍年早就看出这里面的文章，他们想先对付刘沛然，断了他的羽翼，让他失去左右手。虽然他和共产党没什么交情，但也十分佩服他们的工作能力，敬佩他们，所以连夜叫来马进坡，送他们出去，并叮嘱马进坡什么人也不能告诉，连马本斋和刘沛然也不能。等柳林霸找到了地方，共产党早已转移，连个人影都没有，还挨了黄峰一顿臭骂，柳林霸更是十分不甘心，本以为可以抓到把柄，结果什么都没捞到。

不久后，蒋介石明发了命令电报，将连同刘珍年在内的六七位将军调到江西去剿共。大家心里面都明白，这显然是鸿门宴，到了江西，运不任人鱼肉，可是刘珍年就是看不穿这点。马本斋和刘沛然多次劝说都没有用，刘珍年依然坚持要去。马本斋很迷惘，当初当兵是为了找到一个出路，可是现在的军队已经不是当初的那个军队了，军队里早就充斥着小人，自己的道路也是越来越艰难，于是忧心如焚，感慨万千，回到屋后赋诗言志：

抗日英雄
小故事

> 风云多变山河愁，
>
> 雁叫霜天又一秋。
>
> 男儿空有凌云志，
>
> 不尽沧浪付东流。

苦闷的马本斋用这首诗概括了他的心境，他突然发现，自己多年追求的理想，在逐渐清晰的时候却远去了，破灭了，看不见了。此时，刘沛然的决定让他幡然醒悟。

刘沛然在军队准备前往江西的时候，悄悄离开了，只留下一封信给本斋："本斋，恕我不辞而别，离别的伤感，难以言表。我和我叔叔已是同事不同志，再相处必生变故。二十一师已面目全非，不能留我，沛然自信，必有济世良方和光明道路。沛然先行一步，去寻找归途，等有佳音，自当告你同来，珍重。"

　　看完信后，马本斋感触颇多，并决定和三弟马进坡解甲归田，回老家和父母重逢。于是向师长刘珍年辞别。尽管刘珍年多番挽留，还是挽回不了马本斋离去的决心，无奈之下，只好放行。于是，马本斋和马进坡就回到老家东辛庄。

抗日英雄
马本斋

第二章：英雄的戎马生涯

第一节：创建回民抗日义勇队

（一）

马本斋和马进坡终于回到了东辛庄，时隔十年，东辛庄变得既熟悉又陌生，恍如隔世。马本斋回到家，全家人都非常高兴，尤其是白文冠和淑芳。这次回来，他决定就这样好好地和家人过，过普通的生活，种种地，养养鸡，这也是一种幸福。

这天，白文冠带着马本斋在村里转悠，看看村里的变化，他们来到茂密的青纱帐前，白文冠停住说："本斋啊，你回来，以后打算干点啥。"

马本斋摸摸脑袋说："嗨，也不干啥，安安生生地种种地，尽尽孝心，补一补这些年我不在家的亏欠。"

"亏欠倒也没什么亏欠，你也算有出息了，没有辜负娘的教养。好男儿啊，就该有点志向，你也算是给马家长了脸。"白文冠欣慰地说。

马本斋扶着娘亲，边走边说："娘，刚开始我动回家念头的时候，没有时间跟你商量，大部队正在开拔，我怕回家你不高兴。"

抗日英雄
马本斋

　　白文冠笑着说："有什么不高兴的，你也长大了，不是孩子了，儿大不由娘。娘信你，你说不能干自有不能干的道理。"望着那一大片青纱帐，白文冠想起了本斋小时候把哈先生卷子改后，躲在里面不敢出来，就幽幽地叹口气说："转眼间你都这么大了，小时候调皮地把哈先生的卷子改了，仿佛就在昨天一样。"

　　马本斋不好意思地说："娘，你还记得呀，我小时候就是淘气。"

　　白文冠笑着说："淘气？我说改得好。本来就是咱穷人多忧，这些年来，不是也没改变吗？咱穷人还不是整天为吃喝过日子发愁吗？当时我就想，这书不是咱穷人写的，也不是写给咱穷人念的，加上家里穷，不念就不念吧。"

马本斋见母亲有些小失落，安慰说："娘，多亏你在我小的时候给我打下了好底儿，后来当兵那么多年，走了好多地方，读了好多书，真是长了不少见识。"

白文冠见儿子如此懂事，就顺着说："儿子，一个男人有了见识，就要干点有见识的事。娘知道你现在虽然身在家里，可心却在外面，一旦你想干什么，娘绝不拦你。"

马本斋见母亲这么了解又理解自己，感动得抱住母亲，久久都不愿松开。

不久后，淑芳和本斋就成了亲，白文冠一直把淑芳当作亲女儿一样，这次成亲，既是娶媳妇又是嫁女儿，高兴得嘴都合不拢。在本斋和淑芳成亲那天，街坊邻居和亲戚们都来祝贺，好不热闹，而且还来了一个大人物，那就是献县的司令员周朝贵，周朝贵还献上了大礼。周朝贵这次前来是醉翁之意不在酒，真正在乎的是本斋这个人。马本斋当过团长，打过许多胜仗的事，早就在本斋回来之前就在献县的各个地方传开了，大家都十分敬重他。周朝贵这次来，就是想游说马本斋，去他六路军当参谋长，好扩张他的势力。马本斋邀请周朝贵到里屋坐下并沏了茶，周朝贵喝口茶，笑嘻嘻地说："本斋啊，你回来这么久，有没有想过下一步怎么走啊。"

马本斋也笑着说："男耕女织，夫复何求！"

周朝贵急忙说道："不不不，要我说下一步应该是谈笑间樯橹灰飞烟灭。兄弟啊，今天高兴，我就直说了吧。我这个司令马骑不得，仗也打不得，我这个六路军啊，确确实实缺一个能懂军事，能治军的人才啊。我已经物色一年多了，一直没有让我佩服的。老弟呀，你能否到我这里屈就，当个参谋长。你看，如何？"

马本斋面露难色地说："嗯，这个嘛，恐怕不行。实不相瞒，本斋自解甲归田，只想好好在家，过过平常百姓的日子。再说，爹娘岁数也大了，想尽尽孝心，绝对没有了再从军带兵的意思。"

周朝贵见马本斋如此坚决，又不想放弃，只好说："你也不要太着急答复我，你先好好想想。"

（二）

1937年7月7日，卢沟桥事变爆发，日军大举进攻华北。二十九军英勇抵抗20余日，终因得不到国民政府强有力的支持而从平、津败退。是年9月，敌人的炮艇沿子牙河逆流而上，一路烧杀掳掠，献县东辛庄及沿子牙河一带村庄屡遭其祸。这时，国民党献县当局早已弃城南逃。越来越多的难民涌集到东辛庄，其中还不乏逃兵，马本斋知道，日本人不久就会打到这里来了。

　　为了保护这个村庄，马本斋和他的师父白老庭商量把全村的后生组织起来，跟白老庭练练拳脚，日本鬼子要是真的来了，还能和他们拼上一拼，不至于那么被动。于是练拳院里经常出现那些为了保卫家园的年轻后辈们的身影。

　　不久后，日本第十师沿着津浦线南下，控制了大片华北地区，还在华北地区建立防共、亲日满的特殊地区，对中国人民进行奴化教育。另一方面国民党消极抗日，不断后撤，扔下许多老百姓不顾。而山本敬文带着日军迅速向河间、献县逼近，想为控制冀中地区做好准备。这个山本敬文就是马本斋在东北讲武堂学习时的教官，此时的他已不是一名教官了，而是负责攻打冀中地区最大的指挥官。山本敬文当初在讲武堂的时候就十分欣赏马本斋，还想推荐马本斋去日本留学，学成后好为日本效力，可是被马本斋给拒绝了。而这次他要去马本斋的家乡，更是希望能够把马本斋拉回来，实现他们所谓的"共存共荣"。

　　周朝贵收到消息，日本人快来到献县了，于是连夜催促着家里人收拾东西，撤出献县，驻守在淮镇。这个周朝贵之所以没有跟着国民党的军队南下，一是因为蒋介石根本不把他当作自己人，压根儿就顾不上管他，二是因为他不想就这么走了，把献县这么大的肥肉、家里那么大的房子留给日本人。

　　日本人进献县了，整个街道上到处都是老百姓们想带走又带不走的东西，那些还来不及逃走的手无缚鸡之力的人们看见日本军队到了，慌忙逃窜，惊慌尖叫，而日本人见人就杀，见东西就抢。从头到尾，周朝贵的六路军只是一个劲儿地逃，连一枪都没有开过。周朝贵逃到了淮镇后，第一时间就是吩咐手下去三里河老家把他的娘和姨太太们接到淮镇，可是没想到这中间出了岔子。山本敬文为了逼迫周朝贵投降，也派了人去抓捕他的亲人，结果两方的士兵相遇就打了起来。周朝贵的士兵几乎都被日本兵给打死了，只有一个逃跑到东辛庄，日本兵不肯放过他，一路追到东辛庄。东辛庄的村民们见日本人来了，连忙吆喝着大家到青纱帐中躲起来，而马本斋的大哥马守棚为了引开日本人，保护大家的安全，被日本人给杀害了，周朝贵的娘和姨太太们也被日本人带回了献县。

而此时的马本斋因为得知周朝贵撤退到了淮镇，担心他会投靠日本人，而河间一带，能和日本人打一打的也只有六路军了，所以去淮镇找周朝贵，根本不知家里面发生了这么大的事。在淮镇的周朝贵一听马本斋来了，赶紧走出去迎接，见到马本斋就说："本斋啊，你来啦，这回你可要帮我呀，快进屋坐，来人沏茶。"

就座后，马本斋说："周司令，日本人已经打到河间了，国民党的军队还要向后撤，我们也只能靠自己了。而这次来找你，主要是想给你的部队写个练兵要领，我们要做到有备无患啊。"

周朝贵拍着桌子高兴地说："好哇，多少日子，我就等着你这句话呀，你抓紧写，我让弟兄们按你写的好好练兵。"

"周司令的抗日热情、民族大义，我马本斋实在是敬佩。"

周朝贵摆摆手说："哎，别这么说嘛，我们都是中国人，这一点儿我是不会忘记的。我已经派人去老家接家母了，只要老太太一到，我就没有了后顾之忧，甩开膀子，咱们跟这个小日本干他一场，咱也博得个青史留名啊。"

周朝贵的一番话大义凛然，让马本斋既欣慰又激动，于是答应了当六路军的参谋长。但是马本斋还不知道周朝贵打着抗日和他的名号，让老百姓募捐，整个 20 万大洋就被他给吞了

抗日英雄
小故事

18万。

马本斋回到东辛庄，刚到村口就碰到一群村民在等着他，白老伯跑到马本斋面前着急地说："本斋，你去哪里了啊，大伙儿都在找你，你们家出大事了。"

马本斋飞奔回来，看见家里人都披麻戴孝，才得知大哥被日本人杀害了。本斋既伤心又气愤，但更多的是担忧，日本人掳走了周朝贵的娘，肯定会拿他娘要挟他，到时候可就不妙了。

果然不出马本斋所料，山本敬文差人送信给周朝贵，让他去献县看望他的老母亲，于是他找人叫来马本斋一起商量对策。

马本斋劝他说："周司令，这是山本设下的圈套，我不去，你最好也不要去。"

站在周朝贵旁边的士兵插嘴说："哼，站着说话不腰疼，敢情日本大营里关的不是你的老娘和姨太太。"

马本斋解释说："司令，这次山本抓了你的母亲，是想卡住你的脖子，不敢与他交战，我看你还是考虑考虑。"

周朝贵皱着眉头说："本斋啊，家母在日本人的手里面，我怎么能安心，为人之子，尽孝当先哪，我总不能看着家母关在日本人那里不管吧。再说，这山本跟你有师生之情，你和我一起去，我想他不会做得太过分的。"

"什么师生之谊，要我和山本见面，只能在战场上见。周司令，这个山本千方百计地想拉拢你，最终的目的就是逼

你投降啊 。"马本斋细细地分析说。

周朝贵还是执迷不悟，坚决说："哎，我又不是两三岁的小孩子，我看得出来，就这么定了。"

马本斋见周朝贵如此坚决，只能无奈地摇摇头。

第二天一大早，周朝贵连招呼都不打一声就带着士兵去献县找山本敬文了，而马本斋心里也明白，周朝贵这么一去，肯定会踏上不归路的。周朝贵来到山本的军营，一路上看见日本人的武器装备，全是没见过的洋枪洋炮，心里更是没了底。到了大厅，山本稳稳地坐在太师椅上，一句话也不说，周朝贵吞了吞口水，鼓起勇气向前走去，只听见山本缓缓说一句："什么也不用说，还是先去看看你的老娘和姨太太吧。"

日本士兵把周朝贵带到一个小院子里，他的娘和姨太太正吃着饭，姨太太眼尖，看到了周朝贵立马放下碗筷扑向他大喊："朝贵，你怎么才来呀？"

周朝贵推开她，走向他的母亲跪下说："娘，你没事吧。"

老太太赶紧把他扶起来，高兴地说："儿啊，娘没事，就是想你，山本太君对我挺好的。"

晚上，周朝贵的姨太太就开始给周朝贵做"思想"工作了，她尖声尖气地说："你为啥就那么固执，你说你图什么呀？跟日本人有什么不好，你过来还当司令，军饷粮食不用愁，每个月还有500块的进项，这种好事，哪儿找去？"

周朝贵瞅了她一眼说："妇道人家，你懂什么，这就是投降，哼。还是马本斋说得对啊，这就是鸿门宴。"

姨太太摆弄着手中的金戒指，不屑地说："你今天又不是没听到，山本太君说马本斋过来是迟早的事，人家是十几年的老朋友了，到时候你这个司令让马本斋给当了，听他差遣，看你心里难受不难受。"

周朝贵听她这么一说，心里就迟疑了一下。于是她走过去帮周朝贵捏捏肩，趁热打铁地说："这年头，能顾上自己就不错了。这事啊，明摆着，不投降啊，我们就没命啦。"

周朝贵心里更乱了，他不想死，也不想将司令这个官给放弃了，于是无奈地说："嗨，时间不早了，早点休息吧！"

果然，周朝贵投降了，答应和日军合作，彻底地背弃了献县的老百姓，马本斋担心的事也终于发生了。周朝贵回到了淮镇碰到了马本斋，于是就聊了起来。

"本斋啊，这也没什么好担心的，我是斟酌再三、思量再三。哎，你是没去啊，真该去看看，那日本人的阵势，咱不能打啊，我总不能拿着鸡蛋往石头上撞吧。"

马本斋心里早就有了准备，但还是劝说道："周司令，即便是打起来了，我们也未必会输呀。"

周朝贵害怕地说："何止会输啊，连命也会搭上。"

"为抗战而死，丢了命又怎么样？"

"哎呀，本斋，我说你就这么死心眼，不值得啊！抗日抗日，无非只是喊喊口号而已。再说了，咱都是有家有业的人了。"

马本斋气愤地说："周司令，你当时的抗日劲头哪儿去了，你的民族气节哪儿去了？我奉劝你一句，悬崖勒马，因为这条路是走不通的，是死路。我今天把话放在这儿了，谁要是当汉奸，就是我马本斋的仇人。"然后站起来对他三弟马进坡说："进坡，我们走。"

马本斋走了，周朝贵很担心他在献县的影响力，于是起了杀心，夜晚，派了十几个士兵，让他们穿上便装，定要取马本斋和马进坡的性命。马本斋早就料到周朝贵会翻脸不认人，于是天一黑就带着马进坡离开了淮镇。等周朝贵的人到了，早就不见了他兄弟俩的人影，墙壁上只留下了马本斋离开前写的一首诗：

抗日英雄小故事

　　人面兽心自称贵，

　　子牙河畔一败类。

　　来日走马沙场见，

　　剑影森森诛孤鬼。

周朝贵读完，吓得两腿直哆嗦，只一个劲地向士兵吼道："快追啊，你们这群饭桶，一定要杀了他，快追啊。"士兵们连忙答是，急急忙忙地追赶马本斋去了。可是这会儿马本斋和马进坡都快平安到达东辛庄了。

日本军队正在沿着平绥、平津、津浦三条铁路展开大规模的战略进攻，而山本敬文的主要任务就是在后方组织好部队，清剿抗日武装。此外，还必须要在短时间之内筹集大量的粮食和军需物资，运往前方。于是山本叫来副官，让他组织好扫荡队，完成这项任务。另一方面，周朝贵的有些部下不满周朝贵投降日本人，当汉奸，处处阻挠他改编六路军。而周朝贵竟然丧尽天良，缴了他们的枪，让日本人将他们逐一枪毙。这样一来，他手下的兵都人人自危，不敢再生事端。

扫荡开始了，第一个遭殃的就是董村。日本人一进村子就开始抢老百姓的东西，大米，牲口，钱财，还包括女人。董村的老百姓呼天抢地，叫天天不应，叫地地不灵，有些人无法再忍受了，稍微反抗就被刺刀活活刺死，或者被一枪打死，日军连老人和小孩子都不放过。而在这次扫荡中，村民们打死了一个日本士兵，没想到这件事给他们带来了灭顶之灾。山本得知后，非常生气，下令一定要借此机会，让村民们知道日本皇军是神圣不可侵犯的，更要给他们一点教训。于是亲自带队来到董村，将活着的村民全部杀害，还放火烧了董村。熊熊大火吞噬着董村，一股股的浓烟直冲云霄，死亡的气息弥漫着整个村庄，此刻燃烧的不只是村庄，还有那些老百姓心中的怒火。

马本斋得知此事后，心里久久不能平静，他怕东辛庄会是下一个董村，也深知先前组建起来的护村队想和日本人抵抗是远远不可能的，他心中有个想法，想拉一支队伍，拉起抗日大旗，让日本人在十里八乡不得安生，而此时就是最佳时期。现在老百姓心里都憋着一把火，只要自己一点，肯定能够烧起来，而且还能把火烧旺！

1937 年的秋天，马本斋怀着对日本人的满腔仇恨振臂一呼，冒着极大的危险和困难，赤手空拳在家乡东辛庄组建了回民抗日义勇队，从此走上了抗日的道路。

第二节：智取武器，奋勇杀敌

回民抗日义勇队正式成立了，去练拳院报名参加的村民们也越来越多，白文冠和淑芳还一针一线绣好了战旗，义勇队的士气也越来越足。但抗日是一条十分艰难的道路，日本军队武器比他们先进，一旦交起手来，靠长矛、鱼叉怎么行？现在队伍急需武器、弹药、药品，而且随着队伍的扩大，这些东西的需求量还会加大，怎么解决这些问题呢？马本斋就去找他师父白老庭和三弟马进坡商量。

白老庭对马本斋说："本斋，听说你认识那个什么山本联

抗日英雄小故事

队长。"

本斋无奈地说道："是啊，他就是我以前在讲武堂学习时的教官。"

白老庭想了想说："看来这个小日本鬼子在中国待的时间还不短呀。"

马本斋回答说："可不是，哼，他是个中国通，这脑子也不笨，不是个好劈的干柴，省油的灯呀。这仗要怎么打，还真的要好好琢磨琢磨。"

白老庭担心地说："本斋，今后跟鬼子较量，你心里到底有个章法没有。"

马本斋分析说："我大致上想了想，这打仗首先就是要知己知彼，难是难了点，现在我们人手少，枪也不多，但我们占了一条，那就是老百姓的拥戴。我们在前方打仗的时候，这身后的老百姓就是兵，如果打不了了，我们靠老百姓也能藏起来，所以说啊，这小日本鬼子也占不了多少便宜，我们现在急需的就是先弄到枪。"

"其实日本鬼子也没什么了不起，不就是比咱们手里多杆枪吗？要是我们手上有枪，还怕他们不成。"马进坡气愤地说。

马本斋站起来说："我已经查过了，小日本三天两头的就从子牙河堤上过，而且都是运输队伍，我们可以找个空当，先弄些枪。子牙河大堤两岸都是些青纱帐，我们可以突然进攻，打完了，我们也好撤退。"

白老庭拍一下手说："妙啊，只要咱们一钻进青纱帐，他小鬼子连人影都找不到，非得气死他们不可。"

于是马本斋就让马进坡带着人先去熟悉熟悉情况，然后回来报告，还叮嘱他千万不能轻举妄动。

这时，只听见一声巨响，像是爆炸的声音，大家都以为鬼子这么快就进村了，于是纷纷拿起武器隐藏起来，可是躲了半天也不见小鬼子的人影，于是马本斋走了出来，看看究竟是什么情况。

结果只看见义勇队员铜小山一脸脏兮兮地向他们跑来，不解地问："你们大家这是怎么啦？干吗都这样，出了什么事吗？"

马本斋看见铜小山乌黑的脸说："你怎么搞成这样？刚没听到炮火的声音吗？我们担心鬼子进村了。"

铜小山笑嘻嘻地说："嗨，不是，不是鬼子进村，是我，我自己做了个黑老鸹蛋，把它引爆了，怎么样，威力还行吧？"

白老庭听到后，走出来说："这事怪我，怪我，我说这小子这几天在琢磨些啥。我年轻的时候在天津学做过炸弹，能扔出去的，专炸洋人，都管它叫黑老鸹蛋。那是一个陶瓷匠发明的，烧一个陶罐，在里面装上火药，然后安上捻儿，用火点着了再扔出去，威力可大咯。"

马本斋心里一亮，想着可以多做些这个，到时去劫日本人的枪支的时候，胜算就大了。于是马本斋就吩咐铜小山带着人连夜做了十多个黑老鸪蛋，这次一定要给日本人痛快的一击。

不久，马本斋得到消息，日本鬼子过几天要运送物资，会经过离东辛庄十来里的树林。这批物资是给山本的日军补给的枪支弹药，要是能够截获，义勇队的武器就暂时不用愁了。所以马本斋抓住这次机会，亲自带了几个骨干去勘察地形，还做些障碍物，就等鬼子们在此栽跟头了。

这天，日本鬼子来了，大家都隐蔽在青纱帐里，就等着马本斋下命令。鬼子们开着汽车，而且速度很快，所以马本斋早就安排好人在鬼子必经的道上赶马车，让鬼子的车速缓下来。日本鬼子看见前面有辆马车挡着，就放慢了车速，大声叫道："滚开，滚开。"马本斋看到机会来了，就叫道："兄弟们，上！"于是大家把准备好的黑老鸪蛋点燃，向车上的鬼子扔去，炸得日本鬼子屁滚尿流。此时的日本兵乱了阵脚，而且死伤近大半，慌忙逃窜，义勇队的战士们纷纷冲上去将他们包围，杀得他们措手不及。有个日本士兵逃得快，跑了很远，马本斋骑上马追了过去。日本兵见后面有人追，就向马本斋开了一枪，策马飞奔的马本斋迅速藏在马侧，躲过了这一枪。日本兵见马上没人，而马又向他奔来，刚想再开一枪，就被从马侧起身的马本斋砍了一刀，倒在了地上。战士们看到后，十分高兴，激动地大声呼喊到："我们赢啦，我们赢啦！"

初战告捷，马本斋带着战士们把缴获的物资全部运送回了东辛庄，给战士们一人配了一把枪，把大家乐得拿着枪左看看右瞅瞅，琢磨着这玩意儿到底怎么使。马本斋看着大家，欣慰地说："弟兄们，现在我们都有了枪，这是向前跨了一大步呀。这枪不会使，不要紧，我会让进坡教大家怎么使。但大家一定要明白，这枪得来不易，我们的弹药也还比较缺乏，大家一定要好好利用，争取一发子弹打死一个鬼子，绝不放空炮，你们说，好不好？"

大伙拿着枪，像拿着宝贝一样，附和道："本斋哥，你放心，我们会跟着进坡哥好好练习枪法的，练好了，杀鬼子去。"

这天，整个东辛庄都充斥着欢笑声，因为他们在黑暗中似乎看到了一些亮光，这是他们的希望，活下去的希望。

而山本那里却是乌云密布，山本听说物资被劫，大发雷霆，下令一定要彻查此事，绝不放过跟日本皇军作对之人。

就这样，马本斋带着回民抗日义勇军经常突袭日本军队，打了许多胜仗，为老百姓出了好大一口恶气。这天，马本斋与他多年前的战友相遇了，这个人就是沙维州。沙维州当年当土匪，被马本斋给降了，跟着马本斋当了个营长，在马本斋解甲归田后也离开了刘珍年，回到老家本本分分地过日子去了。可

抗日英雄 马本斋

是最近日本人为了在村口修炮台，咄咄逼人，要拆了他的家，说是要借用他家的砖头，如果不拆就要杀他全家，气得沙维州火冒三丈。沙维州连夜找来以前跟着他的兄弟，送走了他的家人，一把火烧了他自家的房子，趁着天黑，杀了去他家闹事的日本军官，逃走了。他对兄弟们说："这日本人欺人太甚，不让我们过安生日子，这是逼我们过上以前的日子啊，我今儿就连一砖一瓦都不会留给他。"

有一个兄弟问道："那沙爷，我们现在怎么办呢？"

沙维州想了想说："走，我们回山东继续当胡子，我们到了山里，看他们日本人还怎么欺负我们。"

本来沙维州一心想去山东，但是经过献县时，想到马本斋就是献县人，于是多方打听找到马本斋，想去看看他。

马本斋看到了沙维州，两人激动地相拥。沙维州将事情的来龙去脉说给了马本斋听后，马本斋说："兄弟，我组建了一支回民抗日义勇队，你要不要加入我们？"

沙维州惊奇地说："真的？回民抗日义勇队，哎呀，这名儿好呀。我也是回民，真能带我一个？我这里也有十条枪，八九个兄弟，他们个个是从青龙寨里出来的，枪法，胆识，忠信，都没二话。"

马本斋笑着说："那还有假，只要是真心抗日，我马本斋绝对举双手欢迎。只是跟着我抗日，就再也不会像你在青龙寨里那么自由，也不会像你在老家那么舒坦。"

"这还用说呀，等打完了小鬼子，留着好日子，咱回家再过。"沙维州说完，大家都笑了。

就这样，沙维州加入了回民抗日义勇队，跟着马本斋一起打鬼子，回民抗日义勇队又增加了一名猛将。

第三节：加入八路军

回民抗日义勇队的名声越来越响，好多年轻人都慕名而来，纷纷加入，队伍也越来越大。队伍的壮大，喜的是马本斋，愁的可是山本敬文。所以山本敬文从周朝贵的队伍里挑出一些士兵来，重新组建了一个部队，名字叫作侦缉队，由他直接指挥，一是想用来牵制周朝贵的队伍，二是想用它来消灭马本斋。

侦缉队成立了，由詹有才担任队长，这几天正在训练着手下学骑洋车。一大帮士兵摇摇晃晃地骑着，詹有才呵斥着："你怎么这么笨啊，还有你，车子摔坏了你赔得起吗？"

这时山本来视察了，詹有才连忙跑上去谄媚地说："山本联队长，你怎么来了，士兵们正训练着哪。"

山本敬文两手叉腰说："詹队长，这次提升你为队长，就是想让你用这支队伍对付马本斋。马本斋以为他躲在老百姓当中，藏得快，跑得快，我现在把这些车子配给你，就称它为快马队吧。希望你的快马能克住马本斋的马，在他没有发现你之前，你已经接近他，并且抓住他，消灭他。"

詹有才哈着腰说："太君，小的明白，我不会让你失望的。"

山本敬文高兴地说："好，等你打了胜仗，我一定好好奖赏你。"说完，就带着人离开了。

詹有才缓过神来冲着士兵们喊道："听见没有，杀死马本斋，太君有重赏，快，给我好好练。"

侦缉队训练好了，他们变成了彻彻底底的夜猫子，白天在屋里睡大觉，只要太阳一下山，就到各个村到处乱窜，一直想找到机会杀马本斋他们一个措手不及。这天，天刚蒙蒙亮，沙维州就带着兄弟们出去办事，而现在的沙维州已经是回民抗日义勇队的中队长了。走到半路，他让兄弟们就地休息，等会再走，可是没想到他们竟然被詹有才发现了。詹有才带着他那帮骑着洋车的兄弟对沙维州穷追猛打，沙维州和兄弟们跑也跑不赢洋车，受了重创，好不容易才杀出重围，但是却死了三个兄弟，还有两个临阵脱逃的，连沙维州也受了伤。

得知此事的马本斋赶紧前来看望沙维州，进屋的时候，大夫正在给沙维州包扎，马本斋关心地说："维州，怎么样，没事吧？"

沙维州赶紧迎上去说："没事，大队长，就是被二狗子咬了一口，没什么大碍。"然后把今天遇袭的事情汇报了一下，并说："你放心，逃跑的士兵，我会派人把他抓回来，就是用捆的也要捆回来。打仗这么怕死，怎么行。"

马本斋坐下说："据小山的情报说，山本建立了一个侦缉队，还配了好几十辆自行车，我想这一定是针对我们的。这个山本哪，是下了狠心，要消灭我们，这以后还不知道会搞出什么新花样来，我们一定要加倍小心啊。"

沙维州不以为然地说："打蛇的被蛇咬，这也是正常事啊。"

马本斋生气地说："什么，正常事？这牺牲了三个，还有两个逃跑的，你说这是正常事？队员就是咱们的命根子啊，没有了队员，你拿什么打仗。再说了，人家父母把孩子交给我们，我们得对人家负责任哪。"

沙维州惭愧地说："是！"

马本斋站起来，接着说："维州，以后无论是执行任务还是打仗，一定要多动动脑子，多用用心，不要作无谓的牺牲了。现在我们的队员还不够多，这队伍要想扩大，就必须要经常总结经验教训，不然的话，我们的队伍不仅不会扩大，反而还会丢掉老本的。"

沙维州连连点头，心里更是佩服马本斋的远见。

马本斋又说："跑掉的队员，就不要去抓了，随他们去吧，等我们的胜仗打多了，他们自然会回来的。现在兄弟们的士气是有点低落，一定要多鼓励鼓励，做事情千万不能简单哪。"

沙维州笑着说道："大队长，我知道了。"

马本斋安慰着说："我们以后会有机会除掉詹有才的侦缉队的，到时候这一仗让你去打，把你这中队的士气给打回来。"

沙维州激动地说："嗯，谢谢大队长。"

詹有才打了胜仗，到处吹嘘说马本斋不可战胜的神话被他给打破了，山本还升职他兼任日本皇协军的参谋长，乐得他好几晚没睡着，而且他打击回民抗日义勇队的热情更高了。

马本斋回到东辛庄后正和师父白老庭商量着事，这时白文冠来了，马本斋看到后，赶紧起身说："娘，你咋来了。"

白文冠看着大家说："你们都在啊，我来找本斋，有点事情和他说。"然后对着马本斋道："本斋，咱们这支义勇队呀，打鬼子有功，乡亲们也都夸你，可咱们是老百姓自己的队伍啊，有些闲话，都传到我的耳朵里了。"

"闲话？娘，啥闲话呀？"马本斋不解地问。

白文冠黑着脸说："我问你，我可听说你们的人到老百姓家里要吃要喝，白吃白拿，还跟人家要横，有没有这事？"

"哦，娘，是有，我们这不在开会，要处理这事。"

"你是带过兵的人，道理你都懂，我就不多说了。我今天就是递个话，提个醒。我走了，走了啊。"说完，白文冠就离开了。

马本斋找个位置坐下吩咐说："进坡，待会儿去趟三中队，把这事处理好了，一定要给百姓一个交代。"

马进坡回答说："是，哥，你放心。"

马本斋叹气说："师父，咱们这支队伍算是拉起来了，人也越来越多，这枪也差不多配齐了，炮也有了，打了十几个胜仗，也顺手。可是越顺手，我心里的想法也越强烈，我想投共产党，当八路军。"

马进坡突然想起来什么说道："哥，我们在烟台的时候，见过共产党，这共产党治军呀，我也早有耳闻，纪律好，能打仗，同时也代表咱老百姓的利益，我看行。"

马本斋接着说："共产党现在发展是越来越大了，咱们这支队伍，要是真想成大气候，不能老是这样单干啊。我听说河北定县、安平一带有他们的游击队，想让进坡去找找，看能不能和他们联系上。"

而此时的马本斋还不知道他领导的抗日义勇队已经引起了八路军冀中地区首长的注意，几乎同时，八路军也派出了干部寻找这支抗日队伍。

过了几天，小山带回情报说，詹有才带着他的侦缉队去田庄了，估计后晌就会回去，马本斋看到了机会，打算找来沙维州伏击侦缉队，打回队员们的士气。他通知全体队员马上到练拳院集合，布置作战计划。

队员们将在马本斋指导下做成的大炮隐藏在青纱帐中，打算拿这个侦缉队试试这大炮。隐蔽好后，就等这些汉奸了。结果，这大炮还真争气，打得那些汉奸四处逃窜，屁滚尿流，而沙维州更是解了恨。

这场仗全都被八路军的干部看在了眼里，他连忙跑过去叫了一声："老乡，等等。"

听见声音的马本斋转过头，看见一个人向他走来，他高兴地叫起来："沛然，刘沛然，是你呀。"

没错，这次八路军派来的干部就是刘沛然。刘沛然瞅了瞅马本斋，也激动地叫道："马本斋，哈哈，没想到在这儿见到你。等等，这场仗不会是你小子打的吧，打得可真漂亮。哈哈。"

马本斋见到多年前的兄弟，也乐呵呵地说："赶紧说说你这些年都去哪里了，怎么像从天上掉下来一样。"

刘沛然将头上的帽子拿下来说："我呀，就是专程来找你的，真没想到啊，在你打仗的时候和你撞上了。"

"沛然兄，这么多年了，还真想你。"

"我也想你啊，本斋。"刘沛然边走边说："告诉你啊，自从我俩分手后，我就去了延安，还加入了共产党。"

"延安？哎呀，真好啊。我听说你们的队伍现在在河北定县、安平一带，还让进坡去找过你们哪儿。"

"哦？是吗？"

夕阳西下，太阳的余晖将东辛庄染了个通红，刘沛然的突然出现，让马本斋很高兴，他们彻夜长谈。马本斋也清楚地意识到，自己犹如远行的船舶，从此靠上了彼岸。

屋里，马本斋好奇地问："沛然，这毛主席和朱总司令到底是个怎样的人啊？"

刘沛然笑笑说："就是咱们在烟台的时候，常常盼着中国能出的那样的人，你听我唱给你听：'全国工农兵，一起来出征，墙头上站着两个大英雄，威风凛凛的是朱德、毛泽东……"

刘沛然的歌声给马本斋的内心造成很大的震动，他激动地说："好啊，沛然，能够找到这样的人，跟这样的人生活在同一个时代，我马本斋三生有幸啊。不过，这么多年，我苦苦挣扎，真的想为我们回民和天下的百姓做点儿事啊。可说来惭愧，到现在也一事无成。"

"本斋，你现在有人有枪，而且在回民兄弟中的号召力很大，我想要是跟着共产党当八路军，你一定能干出一番惊天动地的大事业的。"

马本斋坐下来喝了口茶说："我现在是有支队伍，跟日本鬼子也打了几仗，可是我心里清楚，凭借这支队伍是干不了大事的，我想听听你的看法。"

"好，我来分析一下。这第一，你是不是觉得自己没依没靠得像个没娘的孩子？第二嘛，缺衣少粮，没有武器弹药和救生药品，有打鬼子的心，却无打鬼子的力，是吗？第三，群众武装，虽然有抗日热情，却缺乏纪律，很难形成铁的拳头。本斋，我说得对吗？"

刘沛然的话句句说到马本斋的心坎里，马本斋激动地说："沛然啊，我马本斋没白交你这个朋友哪。"

就这样，马本斋带着回民抗日义勇队加入了中国共产党，开启了他人生的另一个篇章。在孟庆山司令员的指示下，将回民抗日义勇队编入了河北抗日游击军，正式成了八路军。白文冠和淑芳根据刘沛然带来的八路军军装的样式，带着村里的妇女们一针一线地为战士们做了军装，战士们穿上后别提有多高兴。

1938 年 9 月，八路军冀中军区命令，将安平的回民干部教导队和马本斋的回民抗日义勇队合并，编成冀中军区回民教导总队，马本斋任总队长，刘沛然任政治部主任，乡土观念浓厚的义勇队队员们，终于迈出了东辛庄，开始步上新的抗日征途。临走那天，白文冠为队员一人准备了一碗茶，当作是壮行酒，并叮嘱马本斋说："仗打胜了也别轻敌，要是打败了也别灰心，娘盼着你打胜仗，也盼着你把这些孩子们平平安安带回来。"

"娘，你放心，我一定会把他们带回来的。"

白文冠哽咽地说："好，好，好孩子。"

马本斋对妻子淑芳说："淑芳，我和进坡一走，也不知道什么时候能回来，爹和娘岁数也大了，孩子又需要你照顾，你身上的担子不轻啊。"

淑芳坚强地说："你就放心吧，家里所有的事，我能扛着。"

"好，娘，淑芳，我走了。"马本斋向白文冠敬了个礼作为告别，带着队伍离开了东辛庄。

第四节：整顿军队，打出军威

（一）

马本斋和刘沛然带领着军队开始了全新的抗日，可是在这阶段出现了一些重大的问题。这支部队，以回民为主体，兼有汉民参加。其成分以贫苦农民、小商小贩为主，其次是知识青年和旧军人，也有少数地痞流氓、土匪和小官吏。领导机构除政治部健全外，司、供、卫均不健全。部队名义上是共产党领导下的八路军，实际上只有七八个党员，还处于秘密状态，所以党的力量还很薄弱。由于一些旧军人、地痞流氓、土匪的影响，部队存有严重的军阀习气，各项纪律松懈，内部团结不够紧密，尤以领导干部为甚。一些人不习惯八路军的管理制度，开小差的现象时有发生。部队还很不稳定、不巩固。这不，这天就发生了事情。

沙维州领导的三中队中有个叫张贵的士兵，大家都出去出操了，他却装病偷懒，在百姓家里骗吃骗喝。等大家都出操归来整理内务，他却坐着不动。这时隔壁家的大婶拿着一枝树枝，跑过来问："哎，这是哪个缺德的干的，偷吃了我们家的果子，还把这么大的树杈给折了，你们八路军还讲不讲三大纪律八项注意啊？"

班长听到了连忙安抚说："大婶，你先别生气，我问问。"然后就大声对队员们说："这是谁干的，快说。"队员们都纷纷摇头。

这是张贵走出来说："这事啊，我干的，怎么啦？"

班长生气地说："怎么啦，这是严重的违反纪律，快给大婶道歉。"

张贵很不服气，不屑地说："你谁啊？有什么资格说我呀？"

班长气得走上前拉着他说："我怎么没资格了？走，跟我见中队长去。"

"哟，中队长可是我出生入死的哥们，走就走。"

大婶看见闹成这样，连忙劝解说："哎，算了算了，别因为我这几个烂果子，伤了你们之间的和气，这就当我没说。算了算了，我走了，走了啊。"

张贵见大婶走了，对班长说："人家都不追究了，你瞎操什么心，没事就找我晦气，哼。"这话把班长气得头都快冒烟了。

这事传到了马本斋的耳朵里，再这么闹下去，回民教导总队军纪何在。于是，他给沙维州下令，一定要严惩，让张贵去道歉，并按价赔偿，给每个战士提个醒，一定要军民团结，做好榜样。

沙维州气极了，他找到张贵让他去道歉，可是张贵死活不去，还说道："不就是两个烂苹果嘛，有什么了不起的，我不去。"

"敢给我顶嘴了，是不是？咱们现在是八路军，不是以前青龙寨的土匪了，咱们爷们儿出身就不好，总想在队里露露脸，你不但不给我争气，还给我丢人。"

"小题大做，你当年的威风哪儿去了？"

"咱们现在跟的是马本斋。"

"你跟的是马本斋，我跟的是你。什么三大纪律八项注意，管不了我张贵。"

沙维州怎么劝说都无济于事，张贵还说出这样的话来，于是下令让士兵们将他捆起来，一鞭一鞭地抽打他，张贵还是不服。正好刘沛然从这儿经过，把张贵救了下来，并让沙维州回中队去。刘沛然解开张贵的绳子后，张贵说："刘主任，你为什么要帮我？"

刘沛然笑笑说："你说错了，我这不是要帮你，要说帮，我是帮咱们回民教导总队的作风和纪律。"

"刘主任，你老是一套一套的，看不见摸不着，什么纪律啊，作风啊，能当饭吃吗？"

"张贵同志，你这话就说得不对了，这作风和纪律，不仅看得见还摸得着，你只是嫌它的条条框框太多了，想闹自由主义，不想遵守它，是不是？我再告诉你，这作风和纪律啊，是咱们回民教导总队打胜仗的基本保证，明白吗？"

张贵似乎觉得有那么一点道理，于是就说："那好吧，我给老乡道歉去，还会按价赔偿。"

刘沛然欣慰地说："恩，记住态度一定要诚恳。"

这件事过后，刘沛然和马本斋都觉得现在最大的问题不完全在战士身上，好多领导者的身上也有不少恶习。于是他们下定决心要彻底整顿。首先他们公开党组织，公开建党。为了保证党员质量，政治部先后举办了四期青年训练班，组织青年学习党的知识，把青年中的优秀分子吸收到党的组织中来。同时，冀中军区也相继派来了一些党员干部。不到一个月，各大队成立了党的分总支部，中队成立党支部，排有小组、班有党员。这批党员，包括中队以上政治干部和绝大多数军事干部，大部分都是回族，是部队的骨干。这样，党的力量就得到了加强，有了稳定部队的中坚力量。

党的活动开展起来后，马本斋也有了强烈的入党愿望。为了入党，他经常有意识地接近一些优秀党员，经常和他们谈起对共产党的认识，还设法找有关党的知识的资料，并且认真阅读学习。有一次，他从刘沛然那里要了《党的建设》和《党员须知》两本油印小册子，当晚就迫不及待地看完。马本斋积极要求入党，对党的认识提高很快；他又一心救国，立场坚定，在部队中有很高的威望。刘沛然将马本斋入党的迫切愿望报告上级党委后，不久即得到了批准。经总支书记王一民主持的总支委员会讨论决定，由刘沛然作为介绍人，马本斋终于加入了中国共产党。

在批准马本斋入党的那一天，他感到自己是党的一员了，高兴得彻夜未眠。他填写的入党志愿书，每一个字都写得很工整。志愿书上写道："我决心为回族人民解放奋斗到底，而回族人民的彻底解放，只有在中国共产党的帮助和领导之下，才能实现。"入党宣誓第一项是唱《国际歌》，马本斋不会，便要刘沛然在两天之内教会他，并把《国际歌》工工整整的抄在日记本上。宣誓仪式是在政治部的一间小屋里进行的，墙壁上挂着鲜红的党旗。他站在党旗下，态度严肃而虔诚，举起拳头向党庄严宣誓："我为共产主义而奋斗！"

在壮大党的力量的同时，部队也进行以游击战术为重点的学习和训练，马本斋带头学习毛泽东的军事学说。他说："我们应该努力学习，提高战术水平，切实掌握和运用游击战争的原则，狠狠打击敌人。"上级机关发给他一本《论持久战》，他视为抗战法宝，十分珍惜，特意用硬纸把书包起来。他还对《论持久战》研究得很细，每一个章节都记得很熟，讲起军事课来运用自如。马本斋有写日记的习惯，经常把学习毛泽东军事著作的体会写在日记上，而这些都对他以后的抗战有着极其大的帮助。

另一方面，队伍思想和纪律方面的整顿也同时进行着。通

抗日英雄 马本斋

过整顿，提高了指战员的政治觉悟，纪律明显得到好转，不良倾向也得以纠正，军民、官兵关系大为改善，部队情况好转起来，这些都为部队逐步走向正规化打下了坚实的基础。

（二）

日本军队对中国的侵略越来越深入，南京和徐州都相继失守，日军还准备在华中地区发动武汉会战，而华北地区是武汉会战的大后方，所以日本陆军本部为了保障会战的顺利进行，物资源源不断地运往前方，命令山本敬文要尽快在华北地区对八路军部队进行清剿。同时日本司令官冈村宁次也已经在太行山西侧完成了对八路军一二〇师贺龙部的合围。为了阻止贺龙的部队越过京汉线往西撤退，岗村宁次增兵山本，命令他集结在京汉线以西地区，若贺龙部前去，他即向贺龙部右侧发起进攻，一定要重创贺龙部。

此时，马本斋的部队也在这一带活动，山本敬文为了不让马本斋知道他们的真正意图，就让周朝贵派一个大队去牵制马本斋，分散他的注意力。如果贺龙部队难以和马本斋部队会师，那么山本就可以同时消灭他们。

马本斋不知山本的意图，据侦察员的消息，得知周朝贵的部队正朝他们开来，于是正在积极地作应战准备。可是有一点让马本斋起了怀疑，那就是他们突然间与一二〇师失去了联系，电报也迟迟收不到。刘沛然刚从军区回来，说华北的鬼子要对

冀中地区实行铁血政策，而且大部分日本兵也开始在河间集结。
马本斋就将冀中的行动和周朝贵的行动连想起来，为什么大批
鬼子正赶往河间，而周朝贵要向他们开来，这个山本究竟要干
什么？电报是好的，又和军区联系不上，难道军区也在临战状
态？如果是这样的话，那么此时的日军正是用兵之际，为什么
还要向河间增兵呢？马本斋百思不得其解，但是有一点到可以
肯定，那就是山本肯定另有图谋，绝对没有只是单纯要消灭他
那么简单。

　　情况十分危急，不能只是按兵不动，周朝贵离他们是越来
越近了。于是马本斋命令大奎带领一个中队出发，要他想方设
法地牵着周朝贵的鼻子，跟着他的队伍走，但目的只是逗逗周

朝贵，一定不能逮捕他。大奎倒是出发了，可是接下来怎么办呢？马本斋心想，一定要沉住气，错一步都可能伤亡惨重，一定要弄清楚这其中到底是怎么回事。

终于军区的电报来了，电报上说："山本联队已被加强，正朝你部所处地域开进，命令你部立即向东转移。另，一二〇师也遭日军包围，但已与我失去联系，你部距离他们较近，情况许可，需与之联络。"看完电报后，马本斋清楚地知道，这次的情况更严重了。他叫人找来太行山区的地图，仔细研究，终于决定暂时哪也不去，就驻扎在原地，可是这个决定也让他的心情更加沉重了。各个中队得知马本斋的决定都不能理解，山本的军队马上就要到了，要是再不走，就会被日军咬到屁股，想走也走不了了。可是刘沛然深知马本斋到底要干什么，他找到马本斋说："我知道你就是顾大局，识大体，这也是我最佩服你的地方，可是你真打算这样牺牲自己？"

马本斋皱着眉头说："沛然同志，虽然毛主席说不善于保存自己，就不能狠狠地打击敌人，可是这次却非同一般啊。一二〇师一定会选择冀中作为突围的方向，贺龙很善于用兵，冈村宁次真正的目的是想将一二〇师消灭于太行，贺龙不会与日军纠缠的，他会越过京汉线，东进冀中。"

刘沛然也恍然大悟："你的意思是，山本根本不是冲我们来的。"

马本斋点点头接着说："对，我想啊，山本摆出的架势是来围攻我们，但其矛头直指一二〇师。"

刘沛然也仔细分析说："山本的兵力是有所增加，可连伪军在内也不到三千人，贺龙的一二〇师虽然突围而来会有所减员，但其实力仍远超于山本啊。"

"山本的真正目的不是想要与一二〇师决战，他只是冈村宁次的一支伏兵，他就是想突击一二〇师的侧翼。"

"你的意思是，要是我们一走，一二〇师的侧翼就会全部暴露给山本了。"

"是啊，所以事态非常紧急。而且此时将情况汇报给军区，军区也无法告知一二〇师呀。就算一二〇师知道，在这么短的时间之内，也很难改变突围的方向，那么侧翼必遭重创。所以，我们必须把此重担给担起来。"

刘沛然心里很担心，以前和山本他们都是些小打小闹，可是这次完全不同，要和山本正面交锋，而且山本的兵力也有所加强，以现在的实力，说不定会全军覆没。于是他问道："总队长，我们难道就没有绝处逢生的机会了吗？"

马本斋心痛地说："除非按照军区的指示转移，这样我军会平安，但是一二〇师就会很危险，这绝对不是我所要的结果。沛然同志，你也不要太悲观，我们要是打好了，说不定会有机会既保全了一二〇师，又能平安地杀出去的，但是我们也要做好牺牲的准备，所以我必须得到你的支持。"

刘沛然说："放心吧，本斋，在任何情况下，我都会全力支持你的。"

就这样战斗正式打响了，马本斋迅速找来各中队开会。在会议上，大家意见分歧，都说这支部队得来不易，不能就这样牺牲了，还吵了起来。马进坡见大家这样，就建议先让马本斋总队长带着三、四、六中队先转移，由自己和铜小山带着部队前去拖住山本，为一二〇师的突围争取时间。马本斋一时也没想到更好的办法，于是先就这样决定了。

马进坡和铜小山出发后，马本斋心里一直十分担心，要是自己带着部队转移了，进坡和小山活着回来的可能性就会更小，他不能丢下他俩和战士们不管，于是他下定决心要和他们共存亡。

马本斋下达战斗命令，要一中队和二中队组成突击队，由他亲自率领，其余中队组成总队主力，由刘沛然指挥，跟随在突击队后面，间隔要在五华里左右。而突击队的主要任务就是要像一把尖刀，插入山本的心脏，刺他几个来回。同时，总队主力在五华里以外隐蔽等待时机，如果突击队全部阵亡，总队要立刻补上，一等到一二〇师全部突围就立刻转移，走得越远越好。总之，一定为一二〇师争取一切有利条件。

大家见马本斋要率领突击队，都纷纷劝阻。马本斋的大哥马守棚已经被日本鬼子给杀害，三弟马进坡也赶赴前线生死未卜，要是马本斋再出什么意外，要白文冠一家怎么活呀。可是马本斋心意已决，他相信马进坡，更相信进坡相信他，他将自己和马进坡捆在一起，这把尖刀才会更加有力量。

于是马本斋带着突击队前往与马进坡、铜小山会合，没想到很快就和山本的部队碰上了，山本还包围了他们。马本斋让队伍隐蔽在青纱帐里，而山本就在前面的树林里，双方僵持不下。山本的武器十分先进，要是硬拼，绝对会被"包饺子"，一定要想个万全之策。马本斋拿起望远镜，看到山本的小钢炮，于是心生一计。山本的小钢炮虽然很厉害，但是射程远，这也是一大缺点，但这却是马本斋部队自制大炮的优点，可以加以利用。于是马本斋让铜小山带领他的小队，想办法靠近山本，抵近射击，让山本的小钢炮发挥不了作用。铜小山行动后，马本斋又命令队伍秘密地往左侧移动 500 米，并叮嘱进坡说："山本肯定会给我们一个很大的见面礼。今天是一场硬仗，一定要动静得当。静，哪怕敌人的子弹咬到了屁股，也不能发出一点儿声音；动，则要快如闪电，要有横扫千军之势。"

果然不出马本斋所料，山本用小钢炮猛烈地射击刚刚战士们隐蔽的地方，要是没往左移动 500 米，肯定被日本鬼子一锅端了。马本斋为了让山本相信他们被炸，还特意放出自己的爱马，让山本以为他们已经中伏。

　　另一方面，铜小山带着队伍和大炮越来越接近山本，并准备完毕，只等待时机了。

　　这时，山本派人向马本斋送来一台电话，要和他通话，山本说："马本斋，你成熟多了，善于用兵，你如果今天不是撞在我的手里，我保证你一定会成为一个优秀的军事家。"

　　马本斋笑笑说："哼，两座山碰不到一起，两个人总会有见面的时候，这就叫冤家路窄。我今天被你包围，你作为当年的教官，一定很得意吧？"

　　"马本斋，哦，不，马总队长，你带的这个队伍很会打仗，下手狠，跑得也快，但是我要告诉你，我的兵力七倍于你，摆在你面前的只有两条路，第一个选择就是继续跟我打，不出今天，你就会战至最后一个人；另外一个选择是……"

马本斋打断山本说："你不用说了，我知道你给我的选择是什么，不过我也告诉你，不要得意忘形，因为乐极会生悲的。山本先生，我知道你工于心计，善于谋算，可是你太细致了，这将会成为你的致命伤。是，你打了半场好仗，可偏偏是上半场，下半场可由不得你了，这就叫前功尽弃，虎头蛇尾。"

山本生气地说："马本斋，死到临头了你还执迷不悟。"这时有人向山本汇报马本斋身后还有一个中队。

马本斋继续说："什么叫执迷不悟。山本先生，我给你念一首中国诗人写的诗：'假如我们不去打仗，敌人用刺刀杀死我们，还用手指着我们的骨头说，看，这就是奴隶。'你知道我第一次读到这首诗时的感受吗？我的血液在呐喊，呐喊的声音就是战斗、战斗。我再告诉你，没有一个侵略者会有好下场，你也绝不例外。山本先生，你用望远镜看了半天，是不是已经看了出来，你的兵力已经不是我的七倍，对吧？我还要告诉你，等这场仗打完了，我会对我们的战士讲，看，这遍地的尸体就是侵略者的下场。"说完，就挂断了电话。

山本被马本斋说得气急了，立刻命人发动进攻，此时的铜小山看到了机会，等敌人一靠近就开始发炮，打得一帮小鬼子喊爹喊娘。受到突袭的山本连连喊："这是怎么回事？我们的大炮呢？赶快给我轰，给我轰呀！"

一个日本士兵跑过来害怕地说："不行呀，这距离太近，我们的钢炮打不了。"

马本斋听到铜小山的炮声之后，马上让隐蔽在青纱帐中的战士们杀出去和铜小山配合，经过激烈的厮杀，成功地找到了出口，杀出了包围圈，为一二〇师的突围争取了宝贵的时间，而山本只能眼睁睁看着马本斋带着自己的部队冲了出去。

马本斋冲出包围圈后，日夜兼程赶到沙河桥与刘沛然会合。在让部队清点伤亡人数后，他痛心不已，仅铜小山的一个炮队就死了十几个兄弟，刘沛然指挥的总队也伤亡很重，许多士兵都忍不住为死去的兄弟留下了泪。虽然打了胜仗，但是士兵们的士气十分低落，大家都不肯吃饭，得知此事的马本斋急忙赶来对士兵们说："同志们，吃啊，我们打了胜仗，这顿饭要吃得舒舒服服的，快吃。"可是大家都不为所动。

刘沛然也劝解说："同志们，总队长的意思你们还不明白吗？这打仗就会有牺牲，大家悲痛的心情是可以理解的，但我们要化悲痛为力量，这个仇咱们一定要报。眼下的任务就是咱们要吃饱肚子，好有力气和鬼子决战到底。"

马进坡下命令说："全体吃饭，干部带头吃，快吃。"这样战士们才拿起碗筷开始吃起饭来。

马本斋其实心里也很苦，如果可以的话，他也想大哭一场。

可是不能，他是这支队伍的主心骨，要撑起这支队伍，给战士们做好榜样，他要坚强。于是他又说道："同志们，我马本斋谢谢大家了，因为你们是八路军最优秀的战士，从今往后，我们一定要多打胜仗来告慰我们已逝去的同志，我们只流血，不流泪。在今后的战斗中，无论谁牺牲了，我们都要用消灭敌人的方式来纪念他。"

马本斋的一番话深深地激励着战士们，大家纷纷站起来大声呐喊"只流血，不流泪！只流血，不流泪！"

军区司令部得知马本斋成功帮助贺龙一二〇师突围，就派老红军郭六顺送去一份机要件，文件中命令冀中回民教导总队更名为八路军第十八集团军回民支队，回民教导队总队长马本斋同志为回民支队司令员。大伙儿知道后都非常高兴，因为这是党中央毛主席对他们的信任与支持，士兵们的士气也明显好转。这天夜晚，大伙都在庆祝，只听见歌声唱到：

"绿油油的青纱帐，像是千层浪，溜溜的大平原，就像海一样。毛主席呀朱总司令，指挥着咱抗战，军民携手齐抗日，天天打胜仗。哎哟喂，哎哟喂，平原上有一支英勇的抗日武装，那就是回民支队，威名天下扬，哎哟喂！"

这首歌唱出了大家的心声，大家都被激励着，感动着。马本斋更是为大家唱了一出京剧。

第五节：以牙还牙，消灭汉奸

（一）

山本敬文与马本斋的较量，又一次失败了，他压力大，也不断向下面的人施压，尤其是詹有才带领的侦缉队。他认为自己老是输给马本斋，是因为得到的情报太少，而侦缉队没有好好为他效力，所以他将侦缉队队员的亲人全部抓起来，威胁他们说，如果没找到马本斋的据点，他们都得死。另外，在马本斋突围的时候，山本逮捕了马本斋的参谋哈少甫，正在想方设法让哈少甫投降。

马本斋部队自突围后，一直都在休养生息，只打了一场重要的战役，那场仗是马本斋亲自指挥的。他们悄悄进入康庄及附近的邢家村设伏，命七中队及衡水县游击大队隐蔽于安家村据点附近的麦田里，次日拂晓佯攻该据点，待安家村之敌向衡水紧急求援后，马本斋即命令割断敌人的电话线。一贯骄横的衡水日军在大队伪军配合下携带加农炮、九二式重机枪杀气腾腾地向安家村赶来。当敌人全部进入伏击圈后，指挥员一声令下，霎时伏兵四起，杀声震天。敌人在马本斋部队密集火力的打击下，被迫窜入两米深的道沟，欲战无力，欲逃不能，乱作一团。仅 40 分钟，敌军全部被歼，还缴获加农炮 1 门，轻、重机枪 3 挺，掷弹筒两个，步枪 150 余支，子弹万余发，军衣、军毯等军用物资，俘伪军 50 余人，其余日伪军 100 余人全部被击毙，回民支队则无一伤亡，打了一场漂亮的伏击歼灭战。晋察冀军区司令员聂荣臻得知后，高度赞扬了康庄伏击战。在平原游击战中取得这样的战斗经验，不只是回民支队的光荣，也是冀中军区八路军的光荣。

　　战后一直风平浪静，不久，马本斋接到了一个任务，有一个从延安来的工作队要到石家庄去开展工作，里面有党的重要干部，一二〇师会将他们护送到马本斋这里，在晚上突过周朝贵的防区淮镇时，让马本斋去接应并继续护送。马本斋觉得一二〇师能够把这护送的任务交给回民支队，是对他们极大的信任，所以下决心一定要保证干部们的绝对安全。于是立刻召集各中队干部开会。在会上，马进坡主动请缨，让马本斋把这个任务交给他们一中队去完成，而马本斋也正有此意，可是沙维州也积极争取，并站起来对马本斋说："司令员，上次突围你把突围任务交给了马进坡的一中队，夜袭杜林镇，你又把任务交给了其他中队，而我中队呢，到现在连毛儿都没捞到一根。不错，我们中队是存在一些问题，站岗吊儿郎当，还偷吃老乡东西，可是经过刘主任的帮助，我们已经改正了许多，而我们中队也想打仗，想与其他中队平起平坐，你为什么把任务交给他们不交给我们，是不是看不起我们？"

　　马本斋想了想觉得是该给三中队表现表现，于是安抚沙维

州坐下，对大家说："我认为，沙中队长这个意见提得很好，我马本斋应该接受。不错，以前我是对三中队有些看法，总觉得三中队作风和纪律不够过硬，所以执行重大任务的时候，我就不会把这个任务交给他们，但这并不等于说我马本斋就小看了三中队。我一直认为三中队是能够打仗的，而且是能够打硬仗的队伍。维州，以后有你好仗打的。不过，你要努力加强你中队的作风和纪律建设，因为我马本斋要的是一支打不垮、拖不烂、作风过硬、纪律严明正规的抗日武装。"

刘沛然也接着说："同志们，对司令员要把回民支队建设成一支过硬的抗日武装队伍的决心，我表示理解和支持。但对三中队我有新的认识，三中队有进步，这是必须要肯定的，但司令员作为回民支队的最高首长，从全局考虑，同志们也应当理解。对于三中队，我觉得也应该给他们机会，要让他们在残酷的对敌战斗中经受考验，而三中队也应该迅速地成长起来，尽快能够独当一面。基于这种想法，我个人意见同意让三中队担负起此次的护送任务。"

最后各个干部表态，支持的居多，马本斋就将此次任务交给了沙维州，并让他散会后留下来一起仔细研究一下护送的路线问题。

可是大家没有想到这次任务失败了。沙维州队里的张贵一直是个顽固分子，根本不受管教，他跑去酒馆喝酒，喝得不省人事，被周朝贵的人发现并抓了起来，结果一审问竟然将三中队全体出卖。沙维州不知此事，深夜带着三中队的战士们，按照和马本斋的计划前往接应党的重要干部。周朝贵早就埋伏好，一等他们接头就命令手下的人全面进攻，顿时硝烟四起，枪炮阵阵。由于敌众我寡，事发突然，沙维州的队伍难以对敌，死伤无数，周朝贵还逮捕了两名来冀中地区工作的共产党员。

周朝贵打了大胜仗，重创了沙维州的三中队，于是大摆庆功宴。庆功宴上，一群善于阿谀奉承的人围着他打转，好不神气，连山本都不放在眼里。山本让他把两名共产党交给他，可是周朝贵压根儿就只字未提，连个态也懒得表，气得山本的牙直痒痒。

另外，马本斋得知此事后十分气愤，心里燃烧着一团火，怎么扑都扑不灭，于是向天空连开三枪，纪念在此次战斗中牺牲的将士们。回民支队立刻召开了紧急会议，可是幸存下来的沙维州却未来开会，一问才得知他觉得没脸面对大家，马本斋下令就是用捆的也要把他捆到会议室来。

一心以为马本斋会兴师问罪的沙维州一走进会议室就坐得老远，马本斋叫他坐到前面去，他语气不善地说："坐就坐，你不是就想在大家面前扫我们脸吗？"于是气冲冲地走到前面坐下。

马本斋根本不在乎沙维州恶劣的态度，只是平和地对大家说："今天开这个会，我不说想必大家心里也清楚究竟是怎么回事。这么晚把大家召集起来，大家必须听我说，如果不说，那么对我们回民支队以后的发展和工作都会很不利。这次护送任务的失败，应该是我马本斋的责任。沛然，我请求组织给我处分。"

马本斋这样说很出乎大家的意料，干部们都惊奇地盯着他。马本斋接着说道："这次护送任务，首先是护送路线的选择上出了问题，再有就是我对周朝贵估计不足才致使沙维州的三中队损失过半，张贵和两名延安来的干部被俘。所以，我要向大家作出深刻的检讨，并且向三中队说，我马本斋错了，我马本斋对不起你们。"

沙维州听完马本斋的一席话后惭愧不已，连忙站起来说："司令员，这个责任不该由你来承担，是我沙维州指挥有误，给咱们回民支队带来了损失。"

马本斋走到沙维州旁边拍拍他的肩膀说："你先坐下。"

二中队的队长也惭愧地说道："要说责任，我们也有，布置任务时，我们也都参加了，可我们并没有异议，犯了估计不足的错误。"

四中队的队长也附和说："对，这个责任我们来负。"

"同志们，这是我马本斋的责任，应该由我来负。"马本斋很坚持。

刘沛然很理解大家的心情，于是安抚大家说："大家听我说两句，本来这个会我是反对召开的，要是论责任也有我的一份，可是我没有想到，马司令员作为我们支队的最高领导，他勇于承担责任，敢做自我批评，使我深受教育和启发，我们暂且不说他的责任有多少，可是他给我们带了一个好头啊，它将作为一种精神力量和作风继续下去。司令员同志曾多次说过，要把我们的回民支队磨炼成一支打不垮、拖不烂、作风过硬的队伍，现在看来，我们正是需要这种作风和精神啊。同志们，有了这次失败的经验和教训，我坚信，在以后的战斗中，我们回民支队必将成为一支愈战愈强、使敌人闻风丧胆的抗日武装队伍。"

刘沛然的一番心里话很是鼓舞人心，也安抚了大家沮丧的情绪，大家纷纷鼓掌，夸他说得好。

马本斋也叮嘱说："从现在开始，各中队一定要注意周朝贵的动向，搜集他的情报，哪怕是蛛丝马迹也不能放过。"

沙维州激动地问："什么时候打周朝贵？"

马本斋回答说："什么时候要根据具体情况，当务之急是解救我们的同志。"可是马本斋没有想到，他的"同志"张贵和哈少甫都被策反了，危险也是越来越大呀。

马本斋这几晚很晚才睡觉，一有时间就研究地图，拟定各种作战计划，他心里在琢磨着一件大事，那就是要消灭周朝贵。本来还可以让周朝贵多活几天，可是他伏击了沙维州的中队，还抓走了不少同志，马本斋下决心一定要消灭他，救出被俘的战士。消灭了周朝贵一方面可以鼓舞士气，另一方面也可以杀鸡给猴看，让那些大大小小的汉奸们看看，背叛祖国、投靠日本人是绝对没有好结果的。马本斋考虑了很久，既然这个周朝贵趁夜伏击了三中队，让三中队损失惨重，那么他也要以牙还牙，以眼还眼，趁夜消灭他。于是马本斋找来刘沛然商量，并把自己的想法告诉他，刘沛然拍手叫好，全力支持。

马本斋说："这次我一定要大赚周朝贵一把，这个周朝贵在淮镇起家，经营多年，可谓城坚墙固，再加上有日本人撑腰，更加肆无忌惮。我准备让我们的一部分人化装成老百姓，潜入淮镇，像我们当年的牟平之战一样，给他来个赚门计。"

刘沛然笑着说："好啊，好个赚门计啊，本斋。你先写一份作战计划，然后报告给军区，要是能够得到军区的支持，那我们一定能够打赢这一仗，让周朝贵彻底完蛋。"

马本斋开始行动了，一切都按着原计划行事，表面上队伍里和以往没什么两样，风平浪静，实则暗潮汹涌，有着一触即发之势。周朝贵一直为自己重创回民支队三中队而沾沾自喜，不将山本敬文放在眼里，却不知快要大祸临头。而山本敬文早已不满周朝贵，算定了马本斋一定会找他算账，所以他想方设法将投降的哈少甫转移到周朝贵的监狱里，让马本斋能将他救走。而马本斋也没有想到这个胆小怕事的哈少甫今后会给他带来无尽的危险和伤痛。

马本斋一直在等，等一个绝佳的机会。这天，这个机会终于来了。早前，马本斋就叫人放出消息说将会找詹有才报仇，而这个詹有才贪生怕死，一听马本斋要取他人头，惶惶不可终日，连忙向周朝贵求救。周朝贵好大喜功，一直苦于找不到马本斋的据点，这次马本斋终于自己露出水面，一定要把握住消灭马本斋的绝佳机会，所以连忙调集了大部队前往詹有才部队助他一臂之力。然而这是马本斋的调虎离山之计，真正的目标是周朝贵，一旦周朝贵的部队倾巢出动，那么淮镇必将兵力空虚，回民支队要想攻下淮镇，捉拿到周朝贵就容易多了。

这天夜晚，淮镇出乎异常的宁静，头顶的月亮也没有往常那样明亮，灰蒙蒙的，而这正有利于回民支队战士们隐藏。而早就潜伏在淮镇的战士们也纷纷开始行动，先是趁机除掉城门口守门的士兵，然后悄悄打开城门，放马本斋隐藏在城外的大部队进去，一切都悄无声息，难以察觉。此时的周朝贵还在呼呼大睡，根本不知自己大限将至。

马本斋的部队终于和敌人交上火了，战士们枪上膛、刀出

抗日英雄

马本斋

鞘，互相掩护，配合默契，顿时淮镇枪声四起，连月亮都吓得躲了起来。周朝贵听到枪响，完全不知道出了什么事情，连忙穿好衣服，拿着枪跑了出来大吼："来人啊，这是怎么回事，哪里来的枪声？"

有个士兵着急地回答说："司令，不好了，马本斋打进来了，我们快招架不住了。"

周朝贵不相信地说："你他妈胡说，马本斋计划着杀詹有才，怎么可能来打我？你们一定要给我顶住。"

士兵无奈地说："司令，那是马本斋调虎离山呀，他真正的目标是你，不是詹队长，你把大部队都调往詹队长那里，我们人少，根本抵挡不住啊。我们还是先撤吧。"

周朝贵慌忙地说："对对对，先撤，先撤，你们都跟我走。"

可是周朝贵不知道马本斋来得如此之快，已经迅速地将他的院子团团包围，就是他插上了翅膀也难以飞出去。周朝贵见大势已去，连忙向马本斋求饶说："本斋兄，你饶过我吧，看在我们相识一场，一起共事过的份上，你就饶了我吧，我还有个八十岁老母呀。"

马本斋见周朝贵如此懦弱，气愤地说道："你是中国人，可是你却帮着日本人欺负中国老百姓，卖主求荣，可恨之至，放了你，那以前被伤害死的中国人又有谁去放过他们，带下去。"

马本斋这次可算报了三中队的仇，还救出了被周朝贵俘虏的战士们，其中也包括叛徒哈少甫和张贵。战士们打了胜仗特别高兴，并不知道身边有着两枚随时都可能爆炸的炸弹，大家在回去的路上纷纷唱起了《回民支队战歌》：

我们是刀，我们是枪，我们是回族抗日武装，大刀向鬼子头上砍去，子弹射穿鬼子胸膛，把敌人消灭光。我们是铁，我们是钢，我们是回民支队战士响当当，青纱帐埋伏着我们八路军，抗日救国打败小东洋，让中华挺胸膛……

歌声慷慨激昂。充满了战斗激情，在天空久久回荡，展现出战士们一心抗日的精神风貌。

不久，由于工作上的原因，党组织将刘沛然调到河间，回民支队的政治部主任正式由郭六顺同志接手。虽然马本斋极其不愿与刘沛然分开，但最终还是服从了组织上的安排。刘沛然离开那天，马本斋让全体战士列队为他送行，场面极其壮观，这是对刘沛然的尊重，更是对刘沛然这几年工作的肯定。

第六节：千里转战，重创山本

刘沛然走后不久，军区党组织就派郭六顺政委马不停蹄地赶往马本斋部队，并带去重要的情报，情报上说冈村宁次再次给山本增兵，从种种迹象分析来看，目标是马本斋所带的回民支队，而且会下重手，要马本斋早作准备。马本斋得知后对郭政委说："这就对了，这两天我就觉得这山本有些不对劲儿，我派去的侦察员还没回来,也不知究竟是什么情况,原来是这么一回事。"

郭政委想想说："山本是你的老对头了，这次咱们怎么对付他呢？"

"就在一个字上，走。"马本斋回答说。

"走？难道是用运动战和他周旋？"

"对，这山本哪，老谋深算，又重兵在手，我们这次来个以无谋对有谋，三十六计走为上，一直走到他恼羞成怒为止。"

郭政委赞叹道："好计啊，本斋。"

马本斋谦虚地说："政委啊，我这也是无计可施咯，只要能够剿灭山本，我们就算要转战万里也行。这个山本有车可乘，我们呢，除了马就是一双脚，但是我们要和山本比一比，看谁走得快，谁走得巧。山本要是敢不走，我就用我的马鞭抽他屁股。"

郭政委笑笑说："马司令，打仗打到回民支队这个气概，那才叫过瘾啊，哈哈哈。也请你放心，我会深入到战士们中间去，帮他们解决各种困难，向司令你交一份做好思想政治工作的满意答卷。"

马本斋高兴地说："好，有你这句话，我就有信心打赢这场仗，我马本斋会用一连串的胜利来向党组织交出一份合格的答卷。"于是下令各中队做好准备，晚上出发。

马本斋又出发了，他千里驰骋，转战冀中。而百团大战后，日军大为恐慌，惊呼"对华北应有再认识"，随即抽调大量精锐日军回师华北，并将战略矛头指向冀中地区。侵华日军华北方面军总司令冈村宁次多次训令部下："欲确保华北，必确保冀中。"敌人首先从平、津、保三角地区的大清河一带开始，疯狂推行"治安强化运动"，修公路，筑碉堡，挖封锁沟，强行组织联保，实行"军事、政治、经济三位一体的总力战"，企图连"点"成"线"，结"线"成"网"，分割、蚕食直至最终消灭抗日根据地。

为了粉碎敌人的阴谋，马本斋奉命率部北上，挺进到大清河以北，直逼敌人在冀中的心脏保定。在日军的"确保治安区"中，马本斋成功地运用了"推磨"战术，利用容城一带的有利地形，牵着敌人的鼻子转。当敌人极度疲惫的时候，就立刻反击吃掉对方，绝不给敌人喘息的机会。马本斋还经常告诫指战员，要取得游击战争的胜利，必须完成"吃得饱，睡得着，走得快"三大任务，连以上干部更要熟悉敌情、民情和地形，心中必须装着几本地图，才能保证最基本的安全。

大清河以北这一带沟河纵横，水网密布，又靠近华北明珠白洋淀。马本斋根据情况，要求战士迅速学会驾船、泅水、搭浮桥等新本领。在战士们学习得差不多后，立刻命一大队围攻小庄据点，吓得周围的敌伪军龟缩据点之内达 7 日之多。随后，在白沟河伏击敌汽艇两艘，击毙敌伪军 30 余人，发动群众破坏敌道路和通信线路上百里。日军气急败坏，组织大兵团进行"追剿"。马本斋率部绕容城转了几个圈子之后，突然行军南下至流通镇渡口。此时，马本斋派出的接应分队早已准备好 200 多条渔船。一夜之间，数千兵马全部进入白洋淀的茫茫芦苇荡中。日寇追兵到此，也只有望"洋"兴叹。

马本斋和支队健儿在白洋淀里打鱼织席，休养生息，等待时机，不久后又趁敌不备把无极县的南焦、北苏、东阳 3 个据点团团围住。同时发动数千群众破坏正定至无极的公路 70 多里。然后，向敌据点猛烈攻击，打掉了敌人的碉堡、岗楼。军

抗日英雄
马本斋

民协同作战，人民战争大显神威，粉碎了敌人分割蚕食抗日根据地的"点、线政策"。马本斋率回民支队屡渡大清河，三下白洋淀，在敌人的腹心地带忽隐忽现，上岸能打，下淀能藏，纵横捭阖，游刃有余，消耗和钳制了日军的大量兵力，保卫了冀中抗日根据地。

　　1941 年 6 月，马本斋率部参加青（县）大（城）战役，终于有机会回到家乡献县东辛庄。当晚天色一晚，淑芳听见有人敲门，一开门看到马本斋站在门外，高兴地大声叫："爹，娘，你们快出来，本斋回来了呀。"

白文冠听见后连忙出来说："真的？本斋真的回来了啊？"

马本斋进屋后说："娘，真的是我，还有进坡哪。"

白文冠看见两个儿子回家了，高兴得直流眼泪，嘘寒问暖，马上让淑芳为他俩兄弟弄点吃的。淑芳下了几碗面，长期风餐露宿的马本斋和马进坡边吃边说香，大口大口地吃着，让一家人心痛得眼睛酸酸，既高兴又难过。

吃过饭后，一家人带着马本斋去看他睡着了的儿子。当年，这小子才出生没多久，马本斋就带着队伍去打仗了，所以根本就不认识马本斋，两只圆圆的眼睛直勾勾地看着马本斋。

在一旁的淑芳忙对儿子说："快，叫爹啊，叫爹呀，他是你爹。"

小家伙估计还没睡醒，揉了揉眼睛叫了一声"爹"。

淑芳笑着说："你这一走几年，他都不认识你了。"

马本斋说："谁说不认识我啦。儿子，认不认识爹啊，认不认识？"

"认识。"

"那想不想爹啊？"

"想。"

"哈哈哈，这乖儿子。"

这一晚，马本斋真的很高兴，不止马本斋，全家都很开心，很珍惜这难得的天伦之乐。

第二天，马本斋回村的消息不胫而走，全村男女老少都兴高采烈，喜气洋洋，纷纷腾屋扫院，热情招待子弟兵。马本斋把郭六顺政委、丁铁石主任、张刚剑参谋长等同志请到自己家中做客，马母不顾年高亲自烙大饼、炸油香，忙不迭款待这些战士们。第二天下午，马本斋召开了军民联欢暨战前动员大会，马本斋司令员、郭六顺政委以及村长、战士家属代表都讲了话，清真寺的阿訇还为部队做了祈祷："我们穆斯林同胞为有自己这样的一支队伍，为有本斋司令员这样的领头人感到自豪。吾的主，保佑我们的队伍到河东去多打胜仗，早日凯旋。"

会后，马本斋就离开了家，离开了东辛庄，率领回民支队转战于子牙河两岸。困景和、围大屯，数月之间，作战27次，歼敌500余人，俘日军少尉、准尉3人，伪军100余人，缴获步、机枪300余支，打得盘踞河间的山本联队胆战心惊，百人以下的小股敌人再也不敢出据点一步。

日军联队长山本敬文凶狠狡诈，他派出许多特务到处放风，说马本斋只要拉着队伍过来，最低都会给他个师长或者旅长当当，而且整个沧州十县都可以归他管。山本妄图以高官厚禄动摇马本斋的抗日决心。马本斋对他这一卑劣伎俩嗤之以鼻，他让俘虏告诉山本："八路军的政策是不杀俘虏，只要山本放下武器，也保证留他狗命一条！"

不久，山本集中间、献县、沧州之敌两千余人对回民支队所在的建国县一带进行残酷扫荡。建国县是由献县东三区和河间县的一部分临时组建的抗战行政区域，这一带地域狭小，碉堡林立，路宽沟深，是敌人势在必争的沧州西面门户。马本斋率领回民支队在这里同山本"推起磨"来，有时一昼夜转五六圈，五次升火却都没吃成饭。山本穷追不舍，形势异常危急。傍晚时分，马本斋果断地命令部队向南急进，同敌人拉开一段距离后，又急折向东，隐蔽在大屯附近的一条道沟里。同时，派一个排故作张扬，向南行进。山本万没想到马本斋就藏在他的眼皮底下，大队人马向南追去。战士们的枪已上膛，刀已出鞘，而马本斋一面作拼杀的准备，一面还看识字本，写战斗日记。宣传干事杨心田索性拉起消了音的胡琴，战士们随着低声唱起了《八路军进行曲》。大家望着处变不惊、指挥若定的司令员，幽默地称这条大道沟为"文化沟"，而且打胜仗的信心也更足了。

　　此后，马本斋出敌不意插入沧州城下敌占区，彻底摆脱了山本的纠缠。当山本联队无可奈何地返回河间后，回民支队在杜林村伏击了敌人的军用汽车，毙敌 50 余人，缴获步枪 40 余支、轻机枪两挺、子弹数千发及大批军用物资。而马本斋部队无一伤亡，创造了回民支队零伤亡的历史传奇。

第三章：英雄母子

第一节：哈少甫献计捉马母

山本敬文受到一连串的重创，令冈村宁次十分震怒，施压让他尽快消灭马本斋，不然将把他送回日本。于是，山本再也按捺不住，想办法联系到哈少甫，让哈少甫去见他。

哈少甫借执行任务之机去见了山本敬文，山本看见哈少甫就说："为什么总联系不上你，别忘了，你爷爷还在我手上，他的死活可是你说了算啊。"

哈少甫慌忙说："你把我爷爷怎么啦？我要见我爷爷。"

山本奸笑着说："你爷爷好着哪，现在你还不能见他，要是你帮我消灭了马本斋，我自然会放了你爷爷，而且还会让你荣华富贵享用不尽。"

哈少甫痛苦地说："我已经尽力了，马本斋很聪明，早就觉得我们部队里有奸细，一直提防得很紧，我也是没有办法啊。"

山本呷了一口手中的茶说道："你是他的参谋，总会有机会的，你不想想你自己，总得想想你的爷爷吧。"

哈少甫想起自从父母过世，就只有爷爷一个人辛辛苦苦将他拉扯大，在这期间，无论他犯了多少错，总有爷爷为他扛着，

他不能让爷爷为他受苦。于是哈少甫好似下了很大的决心，慢

慢地说："山本太君，说实话，要说论真刀真枪跟马本斋干，

这么多年了，不用我说你也清楚，你根本不是他的对手，但是

要是你能够抓住他的弱点，那消灭他不就指日可待了？"

　　山本眼前一亮，似乎听出了这话中的另一层含义，于是讨

好地说："那少甫君有什么高见呢，我愿闻其详。"

　　哈少甫站起来背对着山本敬文说："马本斋可是出了名的

大孝子，要是太君你能将他的娘抓住，还害怕他不投降吗？"

　　山本敬文一听果然是一条妙计，于是说："少甫君果然

没令我失望，这件事我会交给他们立刻去办，你先回去，有什么变动或者任务，我会派人通知你，记住，千万别让马本斋发现了。"

哈少甫赶紧说："那我爷爷……"

山本打断他的话说："你爷爷就先暂时住在我们这儿，只要你乖乖听话，我们是不会亏待你爷爷的，你先走吧。"

哈少甫知道自己是被山本卡住了脖子，所以只好无奈地回到了马本斋的部队。

山本心想终于找到了马本斋的软肋，一刻也不想耽误，立刻找来詹有才和桃泽一郎前来商量对策。詹有才一听是要抓马本斋的娘，急于立功的他对山本说："我知道马本斋的老家，也见过他的娘。以前跟着周朝贵司令的时候，马本斋成亲，我们还去过呢。"

山本很开心，站起来说："詹队长，你知道马本斋的老家？既然这样，这次你也和我一起去，把马本斋的娘找出来。"

詹有才见立功的时候到了，谄媚地说："是，是。太君请放心，马本斋的家就在东辛庄，村里都是些穷回民，手无缚鸡之力的，我们这次去肯定能够抓住他娘。"

山本笑着说："詹队长，明天就辛苦你了，你先下去做准备吧。"

第二天一大早，山本就集结队伍从河间开往东辛庄，一直到了中午才到东辛庄村口，他命令队伍不要急着进村，先分成两队，对东辛庄形成合围之势，让村里的每个人没有机会逃到其他村去。

在日本鬼子围村的时候，有人发现了他们，于是大声叫道："鬼子进村了，大家快点儿跑啊，鬼子进村了！"顿时整个东辛庄乱成一团，大家都忙着逃命，惊慌失措。白文冠得知后立马找来老伴儿和淑芳带着孙子小金树混在人群中，跟着大家一起跑。由于太过混乱，白文冠和淑芳被人群给冲散了。淑芳和公公马永长带着小金树急忙藏身于青纱帐中，看着日本鬼子到处搜索，担心不已。马永长为了保护孙子和淑芳，想先护送着他们离开村子再回来找老伴，小金树更是小声哭着喊着要奶奶。

白文冠年纪大了，腿脚也不利索，没能及时逃出村子，和一群乡亲一起被鬼子带去山本那里。此时，已经有一群村民被鬼子团团围住，山本站在一个小山坡上，居高临下地对村民说："大家不要慌张，今天来此就是想请马本斋的母亲马太太去我那里住两天，没有其他的事，你们放心。"说完就给詹有才使了个眼色。

詹有才看到山本给他使了眼色，立刻心领神会地走下去，将下面的村民看了几遍，然后跑过去对山本说："太君，都不是啊！"

山本很吃惊，连忙问道："你确定你认识马老太太吗？"

詹有才哈着腰说："我和周朝贵前几年来过东辛庄，应该能认出她来，肯定不会错的。"

山本想了想说："那在这里找不到，就说明马老太太藏了起来，你看这怎么办哪？"

詹有才忙说："太君，我明白了，向这些回民要，从他们的嘴里'掏'出马老太太来。"于是又跑回去在人群里搜索了一会，然后对一个抱着孩子的妇女说："告诉我，马本斋的娘藏在哪儿呢？"说完就去抢她手里的孩子，吓得孩子哇哇大哭，一个劲儿叫娘。

"还我的孩子，不要碰我的孩子。"小庄的娘哭着说。

桃泽一郎走过去推开詹有才，拉着孩子的衣服说："小孩儿，你的不要哭，再哭，死了死了的有。"然后走向另一边问一个年轻小伙子："马本斋的娘在哪里？"

哈兆喜被抓出来后斩钉截铁地说："不知道！"

桃泽一郎听后十分生气，想打他一拳，没想到被哈兆喜给躲开了，而且还打了起来。平时村民们本就跟着白老庭在院里练拳，东辛庄里的青年们都会一些拳脚功夫，对付桃泽一郎自然不在话下，桃泽一郎还被哈兆喜来了个过肩摔，那叫一个过瘾。没想到这个桃泽一郎觉得自己面子挂不住，抽出刺刀，趁哈兆喜不注意的时候，将他刺死了，简直是个禽兽。

　　山本看见村民们愤怒不已，就对桃泽一郎说："陶泽君，不要在我面前杀人。"

　　桃泽一郎见长官发话了，于是像狗一样说了句"嗨"就站在一旁去了。

　　这时站在一旁的翻译官对着村民们说："山本太君和马本斋在战场上是对手，可私下里本来就是很好的朋友，只要你们告诉山本太君，马老太太藏在哪里，让太君尽到该尽的礼仪，太君马上撤走所有的皇军，你们也可以过上宁静的生活。当然啦，你们也可以不说，但你们已经失礼啦，皇军从河间大老远赶来，总该有个待客之道吧。"无论他们怎么软硬兼施，村民们还是一言不发，一个字都不肯透露，急得山本来来回回不停地走动。

詹有才眼珠子一转连忙跑到山本面前，一如既往地哈着腰小声说："太君，我倒有个主意，何不到马本斋家里，在马本斋家里撬开他们的嘴，那就更有味了。"

山本想了想点点头，然后说："既然大家不肯说，那就陪着皇军到马本斋家里去说。"

詹有才见山本采纳了他的意见，高兴得连忙带路。此时，另一波来不及逃跑的老百姓也被赶到了马本斋的院中，在这群人中就有白文冠，村民们将她围在中间，想方设法不让山本认出她来。

山本来到马本斋的家中，走进屋里，仔细地观察着。屋里的墙壁上贴着马本斋的照片，他装着军装，十分威仪。墙上还挂着一个牌匾，上面写着"惟德动天"。山本叹口气自言自语地说："哎，马本斋啊马本斋，你现在要是还是我的学生，会是个什么样子。这么多年过去了，你现在变得让我无法了解你，更无法掌握你。"

一旁的桃泽一郎提醒山本说："联队长，我们现在该去院内，撬开那些木头们的嘴了。"

山本的思绪被人打断，十分不开心，大声呵斥道："急什么？哎，恐怕再也没有机会看一看抚育出我最强对手的这些房子了，让我好好看一看。"说完就在屋里转悠了起来。山本看见桌上有一套八路军的军服，拿起仔细地看了起来。

詹有才不解地问："联队长，这八路的军服有什么好看的。"

山本边拨弄着军服边回答说："这上面可看的东西多了，你难道没有看出来？"

詹有才面露难色地摇了摇头。这时在一旁的翻译官插嘴说："我们和马本斋打过无数次仗，射向马本斋的子弹几乎不计其数，可在他的军服上却没有留下一个弹孔，这真让人无法理解啊。"

这一番话简直说到山本的心坎里去了，山本扔下手中的军服，拍拍翻译官的肩膀说："好，这句话说得好，我这几年果然没有白栽培你。"詹有才听见自己的对手被山本夸奖，心里更是难受。

外面被抓的村民们个个提心吊胆，生怕鬼子将白文冠认了出来，将她抓走。鬼子对村民们又是推又是打的，白老庭跟鬼子起了冲突。虽然他的年纪大了，但身子骨还是十分健朗，几下就将几个鬼子打倒在地，爬都爬不起来。山本听见外面的吵闹声，匆忙赶出来下令将白老庭抓了起来。这时翻译官又对大家说："谁要是说出马本斋的娘藏在哪里，就放谁回家，说！"可是大家还是保持沉默。

抗日英雄 马本斋

詹有才见后指着白老庭说："太君，这老家伙可有用，他是马本斋的师父，跟马本斋家的关系也十分要好。"

山本拿出手帕擦擦脸上的汗，漫不经心地说："哎，我已经仁至义尽了，把这个老先生'请'过来吧。"

鬼子将白老庭带上前，詹有才走到他身边说："我们应该认识吧。"

白老庭瞟了他一眼后说："我认得你，你可不认得我。哼，你给日本鬼子办事，是出了名的汉奸，何止是我一个人认识你。"

詹有才激动地抓住白老庭胸前的衣服说："别以为我不认识你，在马本斋成亲时，我见过你，你这个老混蛋。"

白老庭拍掉詹有才的手说："松开你的手，别脏了我的衣服，狗汉奸。"

于是鬼子将白老庭团团围住，准备杀了他。在人群里的白文冠着急着要出去，可是大家都故意把路封得死死的，不让她出去。白老庭对着山本大声说："好，我今天就让你看看我们东辛庄回族人的骨头有多硬。"

山本笑笑说："我也正想看看，马本斋和马老太太在你们的心目当中到底有多么重的分量。"

"哼，那今天你就看看吧。乡亲们，乡亲们，现在是咱们跟日本鬼子面对面斗争的时候到了，咱们手里虽然没有枪，可咱们有一腔的热血啊，咱们就用这血把日本鬼子一个一个都淹死，哈哈哈哈。"白老庭呼吁着大家，也用满腔的爱国热情感染着在场的每一个村民。

鬼子将白老庭压着，说："看见没有，要是你们再不说，我就将这老家伙给宰了，你们也会是这样的下场。"

白老庭愤恨地说："日本鬼子，你们杀吧，本斋会替我们报仇的。"

白文冠再也忍不住了，大声说："住手，我就是你们要找的人。"于是拨开人群，勇敢地走了出去。

詹有才走到白文冠身边左瞧瞧右瞅瞅，然后面露喜色地说："联队长，她就是马本斋的娘。"声音里有着抑制不住的

抗日英雄
马本斋

喜悦与兴奋。

山本背着手对着白文冠问："你就是马老太太？"

白文冠腰挺得直直的，不卑不亢地说："没错，我就是。"

山本终于打心眼里笑了，但是还没来得及高兴太久就听见白文冠大声说："把他放了，放了他。"声音掷地有声，不容拒绝。

山本示意让人放了白老庭，白老庭不甘地对白文冠说："你为了救我这条老命，不该呀。"

白文冠讽刺地说："山本诚心诚意来请我，我要是不见，他这只狗就会变成狼，变成虎，会变得比虎狼还狠毒。"说完，就狠狠地盯着山本，让山本心里直发毛。

白文冠又开口叫了一声："山本队长。"山本听见后连忙赔笑着走向前说："请多指教。"

白文冠不以为然地说："哼，指教你，你听吗？"

"虽然我和本斋是敌人，但我很敬重他，您能养育出这么优秀的儿子，也值得我山本尊重，我洗耳恭听。"

"那好，我问你，你在我们东辛庄欠下的血债，你怎么还啊？"

"我为了请到你，总是要付出一点儿代价的。"

"在你们国家，就是这样请人的吗？果然是没有教养。"

"为了达到目的，总是要死人的嘛。"

白文冠再也忍不住胸中的怒火，吐了山本一脸口水，然后说：“哼，你们这群强盗，早晚会偿命的。有本事你们去跟回民支队打，刀对刀，枪对枪的打，欺负我们这些老百姓算什么本事。”

山本拿出手帕擦了擦脸，然后说道：“马老太太，山本我是友善的。”

“狼就是狼，披上羊皮还是要吃人的。”

“马老太太确实厉害呀，我们好不容易才请到你，跟我们走一趟吧。”

“把乡亲们放了我就跟你走。”

“好，请。”山本答应说。

白文冠转过身对大伙儿说：“乡亲们，我连累大伙了。”然后就跟山本走了。大家都伤心地叫着：“婶子，你要多珍重啊，保重啊。”

临走前，山本还下令把马本斋家的房子和村里的清真寺烧了，东辛庄再也不是以前的样子了。

到了晚上，淑芳和马永长得知白文冠被日本人给抓走，家也被鬼子给烧了，于是淑芳带着孩子拜别了马永长，出发去找马本斋，希望马本斋能够想办法把母亲救出来。

第二节：宁死不屈

山本将白文冠带回河间后就迫不及待要和她谈谈，他对白文冠一直笑脸相迎，可是白文冠根本就不买账，一直都板着脸。

山本轻轻地说："老太太，这个院子才是你住的地方，你随意吧！"

白文冠横了山本一眼说："甭演戏了，想干啥你说。"

山本笑着说："老太太你误会了，我把你请到这里来，想让你安心住下，马本斋是我的学生，我要尽地主之谊啊。"

白文冠向前走了两步生气地指着山本说："你说啥，在我们的国，我们的家，你尽地主之谊？"

山本无奈地说："老太太消消气，要不然你先住着，我们改日再谈。"说完就带着人离开了。

淑芳经过多方打听，终于找到了马本斋。马本斋策马赶去，一进门，小金树看见父亲，立刻扑到父亲怀中，流着眼泪不停地说："爹，奶奶让日本鬼子给抓走了，你快去救奶奶，救救奶奶啊，快去啊！"

马本斋听后十分震惊，连忙问淑芳这究竟是怎么回事。淑芳皱着眉头伤心地说："本斋，前几天，山本带着许多鬼子来到了东辛庄，又是放火又是杀人，清真寺被他们烧了，咱家也被他们给烧了，还把娘给……"还未说完就哭了起来。

"爹，救救奶奶，救救奶奶。"小金树依然不停地叫道。

马本斋一时还没缓过神来，怎么会这样？他强忍着叫王参谋先把淑芳和儿子带下去休息，等他们走后，支撑不住，坐到了地上。没多久马进坡得知此事后，立刻来找马本斋，吵着要杀到河间去救出娘亲。马本斋的部下们也纷纷等在门外，就等着马本斋发号施令了。

马本斋此时心里虽然很乱，但头脑还是很清醒的，他久久不发一言，只是静静地坐着。马进坡见马本斋这样，十分恼怒，大声说："哥，你到底还在想什么？娘遇到危险，当儿子的不应该去救吗？"

马本斋痛苦地说："进坡，娘被抓了，难道哥心里不急吗？可是……"

马进坡打断大叫："我不听。"

马本斋火了，一拳重重地打到木桌上说："不听也得听。"

郭政委见到昔日出生入死的俩兄弟这样剑拔弩张，连忙劝解说："进坡、司令员，要是这事搁我身上我也会冲动，大娘被抓，我的心里也不好受，可是进坡司令员不发兵是对的啊。山本实在是太狡猾了，我们稍有不慎，就会被他钻了空子，此时此刻，我完全理解你们哥俩的心情。"

马本斋深吸一口气，继续说："进坡啊，我知道你心里很难受，我呢，我心里也难受，但好好用脑子想一想，为什么山

本在这个时候抓走咱们的娘，他是想激怒咱们，想让咱们感情用事，这时候去救就正好中了他的圈套。他已经设好了陷阱等着我们去跳，后果，后果，你想过后果没？我不能拿着兄弟们的命去开玩笑啊！"

山本虽然把白文冠囚禁了起来，倒没有对她用刑，反而对她十分客气，好吃好喝地伺候着，每天想着方法，变着花样地做。然而已经两天一夜了，山本送来的东西，白文冠一口也没动过，连水也不喝。鬼子很着急，连忙向山本报告。山本叹气说："怎么这么倔，还是不肯吃饭？"

桃泽一郎回答说："是，刚开始我还以为是饭菜不合口味，专门去为她换了个回民厨子，按他们的方法做饭，送去了她仍然不吃，而且连口水都不喝。"

"一个农村老太太，怎么会这么难对付？"山本不解地说。

桃泽一郎更是无奈得很："为了让马母吃饭，我已经想了许多办法，稀的干的，硬的软的，酸的甜的都送了，可还是没用。"

山本没有办法，只好亲自前去。一进门就看见白文冠坐在床边，看见他一动也不动，桌上的饭菜也是一点儿没动。山本找个椅子坐下说："马老太太，这两天你过得还习惯吧？"

白文冠白了山本一眼说："想让我习惯，那就放我回东辛庄去。"

山本哈哈大笑几声，然后说："想回东辛庄，这个容易。哎，你说马本斋怎么会成为我的敌人呢？"

白文冠也笑着说："对啊，我也想问你，我儿为啥就成了你的敌人呢？"

山本没想到白文冠会这样反驳他，想了一会儿说："可能马本斋是曲解了我的一片好心吧。"

"你的好心，我呸！就你们这群强盗连人心都没有，谈何好心，也不照照镜子，哼！"白文冠愤怒地说。

站在一旁的詹有才也想劝服白文冠，于是说："马老太太，大日本皇军到中国来是为了建立大东亚共荣圈的，你也是个明白人，想必也应该知道怎样做吧。"

白文冠见到这个汉奸背叛自己的祖国，大声呵斥说："你算是个什么东西，也配跟我说话，不就是一条走狗吗。"

山本示意让詹有才退下，然后站起来走到白文冠旁边说："马老太太，可是我这片好心却被你的儿子视为侵略。"

"杀人放火，这就是你们的好心吗？如此的话，你也说得出口，果然是没有教养的国家教出没教养的狗。"

山本解释说："我到你们国家来，是不想杀人放火的，但是有一些人和你儿子一样，老是跟我们作对，我不得不杀一些人。"

"呸，杀人犯，刽子手。"白文冠怒斥道。

山本仍然坚持劝解说："老太太，消消气，不瞒你说，这次我请你来就是不想再杀人了，只要你给马本斋写一封信让他过来，我们俩心平气和地谈一谈，就凭我们俩那段师生之情，保证会握手言和。从今以后，他马本斋想做官，我就让他做官，想带兵，我就让他带兵。"

白文冠咬着牙狠狠地说："你是想让我儿子当汉奸，哼，你别做白日梦了。"

山本见软的不行就来硬的，威胁说："就马本斋的那点部队，根本掀不起大风大浪，我很快就可以把他消灭，到那时候你后悔就晚了。你知道我为什么这样对待他吗？因为他是我的学生，我才这样对他。"

"你口口声声说是我儿子的先生，可天底下哪有像你这样的先生，禽兽不如。"

山本被白文冠如此责骂，面子很是挂不住，于是说："老太太，你用这样的态度对我，让我无法忍受。"

白文冠站起来，离开山本说："我们回民只知道要是朋友来，我们就掏心掏肺地待他，是坏人、强盗，我们就把他赶回去。"

"老太太，你这样和我对抗，对你有什么好处？你看，这一大桌子的菜你不吃，你会被饿死的。如果你被饿死了，那你的家人怎么办？你不为他们想想，不为马本斋想想？"

白文冠摸摸满头的白发慢慢地说："我早想好了，我的本斋，我的进坡，还有我们的回民支队会来收拾你的，你就等着吧！"说完就闭上眼睛，不再说话，无论山本说些什么，她都不理，当作没有听见。山本见白文冠这样，只好失望地离开了。

山本为了引出马本斋，故意叫人放出消息，想让马本斋入他圈套。可是马本斋早就知道山本的意图，迟迟不肯动手。马本斋心里明白，山本现在最希望看到的就是他失去理智，他正睁大着眼睛，看着他们的一举一动，而且也猜想到山本一定会派人接近他们或者是潜入他的内部，所以他现在一定要动起来，化被动为主动，造成一种攻打河间城的态势，这样才可以达到两个目的：第一，可以伺机给山本当头一棒；第二也可以铲除内奸。虽然这样做，娘会很危险，但是为了抗战的顺利进行，为了祖国，他不得不这样做。

这天晚上，已经连续 7 天滴水未进的白文冠做了一个梦，她梦见她的两个儿子本斋和进坡来看她来了，还有她的老伴儿，淑芳，小金树，他们全家在一起吃饭，其乐融融，开心得不得了，于是在睡梦中开心地笑了，笑得很甜。第二天早上，有人发现马老太太去世了，连忙跑去报告给山本。山本大发雷霆，责怪下属为什么没有将她救活，吓得一干人等大气也不敢出。堂堂的大日本皇军，对付不了一个老太太，山本受了很大的打击，吩咐所有人下去，说想一个人清静清静。

第三节：铲除内奸

没过多久，马老太太去世的消息传到回民支队，全体士兵都非常悲伤，白文冠不仅仅是马本斋和马进坡一个人的母亲，也是全回民支队、全中国人的英雄母亲啊。马本斋虽然很悲痛，但是他没有忘记自己身上的责任，他和郭政委早就自沙维州遇袭那次就开始怀疑有内奸，于是就让侦察班长马铁男暗中查访，就等着内奸自己暴露了。

这晚，三中队的张贵趁着大家都睡着了，假装出去撒尿，将情报放在墙角的一个洞里，马铁男早就开始怀疑他了，于是暗中跟着他，看清了他的一举一动，并设下陷阱逮捕了他。由于张贵的出卖给回民支队带来过很大的损失，于是经上级研究决定判处张贵死刑，当晚执行。沙维州知道后大为震惊，向马本斋请求能够让他再见张贵一面，马本斋和郭政委商量后应允了。

沙维州带着一壶酒去看望被关押的张贵，愤怒地问他为什么要背叛回民支队。张贵慢悠悠地对沙维州说："与其说背叛回民支队，不如说背叛沙爷。"沙维州不明白他的意思，于是张贵接着说："沙爷，我要是说了，你可别生气，你不该呀。

抗日英雄
马本斋

想当年我张贵投奔你占山为王的时候，是多么的逍遥自在，可是现在，自从你投奔了马本斋以后，就不拿兄弟当兄弟了，什么作风啊纪律啊，什么都比兄弟重要，你都不为自己着想了。一个不为自己着想的人，怎么可能为兄弟着想呢？"

　　沙维州听完这些话后，流下了眼泪，这个和他出生入死的兄弟为什么就这样想不明白。张贵这个人懒散惯了，还嗜酒成性，怎么都当不好八路军。张贵见沙维州陷入了沉思，迫不及待地拿起桌上的酒喝了起来，可是喝了一口全部都吐了出来，因为酒瓶里的不是酒，全是水。这时候沙维州拿出手枪，亲手将张贵处决了。

　　张贵死了，山本失去了情报，更难以掌控马本斋的情况，于是想起了还在马本斋身边的哈少甫。他让詹有才去联系哈少甫共商大事。收到命令的哈少甫胆战惊心地出去和詹有才碰了面，詹有才一开口就说："姓哈的，马本斋的娘可是你出卖的，一旦让马本斋知道了，你的下场可想而知，你已经没有任何退路了。你现在唯一的退路，就是打马本斋的冷枪。再说了，你是他身边的参谋，你有的是机会。"

　　哈少甫思量了很久说："我知道我这一枪要是不打马本斋，山本就会一枪要了我，可是我打马本斋容易，要想从回民支队逃出去，可就没那么简单了。"

　　詹有才见哈少甫动摇了，于是说："这不要紧，只要你可动手，我可以接应你啊。一旦你逃出去，可就有生路了。"

哈少甫经不住诱惑就答应了。于是晚上他故意去找平时都待在马本斋身边的警卫员小金聊天，套小金的话，想了解马本斋的生活习惯。他走进屋里假装关心地问："小金啊，这么晚了怎么还没有睡啊？在干什么啊？"

小金停下手中的笔回答说："哦，司令员对我要求可严格啦，每天都让我写日记。"说完又开始接着写。

哈少甫看见马本斋平时用的枪挂在墙壁上，心不在焉地说："好啊，年轻人多学点文化好啊。小金，我看你平时老是帮司令员背着枪，这半夜三更的，司令员也不把枪带在身边。"

老实的小金如实回答说："司令员从来不自己拿枪，需要时只要一伸手，我就把枪给他，这是司令员的老习惯了。"

哈少甫很开心，既然马本斋没有带枪的习惯，那么他暗杀他的机会更大了。哈少甫又接着问："哎，小金，司令员平时都睡得很晚吧？"

"那当然，每天夜里，司令员都要看一阵子毛主席的书，看完以后，还要去写战斗日记呢？"

"哦，是吗？那你的责任可就重了，司令员的安全可就全靠你了。"

"哈参谋，你放心，司令员夜里看书的时候我都不会去惊动他，每当他看完书时，都要到院子里去走动走动，这时候我才会去给他送洗脚水。"

　　哈少甫觉得这是个机会，很大的机会，于是趁着夜深人静的时候，他带着枪来到马本斋的屋外面，透过窗户看见马本斋正在认真地看书，而且很入神，于是他举起手中的枪瞄准了马本斋。这时，来找马本斋商量军事的郭政委恰好看到了这一幕，快速掏出手枪，向哈少甫的手开了一枪，哈少甫手中的枪应声而落。大家听到了枪声，纷纷赶来，看到这一幕都明白过来是怎么回事，于是将哈少甫抓了起来。哈少甫看见马本斋后，连忙跪在地上求饶，哭着说："他们，他们用烙铁烙我，用辣椒水灌我，天天打我，我实在是受不了啊。司令员，是山本和詹有才，你母亲的事，所以我就，所以我怕……"

　　马本斋一听这话，意思就是母亲的死和他有关，于是一把

抓住哈少甫的衣领将他拽了起来，愤怒地说："你，哈少甫，我马本斋哪一点对不住你，你为什么，你为什么？啊？"

哈少甫见马本斋发如此大的脾气，害怕地说："司令员，他们说要是不投降他们，就要杀了我的爷爷，我没有活路啊，司令员。司令员，我求求你，你就让我再活一年，不，半年，一天，一天也行，我去杀日本鬼子，我将功赎罪，我求你。"

马本斋很愤怒，面对敌人怎么可以这样轻易就投降了？怎么可以这样没有骨气？马本斋很痛心，叫人把哈少甫带下去听候发落。

部队里的内奸除去了，马本斋也因为长期征战的劳累和这几天的连番打击生了病，淑芳一直细心地照顾着。这时候，只有淑芳和小金树能够给他带来一点安慰了。

第四节：消灭山本

岗村宁次越来越不满意山本敬文的表现了，屡屡施压。山本很着急，马本斋是他一手教出来的学生，可是作为老师，他连自己的学生也降不住，十分懊恼。于是找来部下商量如何消灭马本斋，他觉得每次他和马本斋作战都制订了周密的作战计划，这次他想反其道而行之，只制订行军计划，而作战计划视战场的态势而定，希望通过这个办法，能够彻底消灭马本斋。

马本斋也发现山本离开河间城后，一直走走停停，显然是想引他上钩，于是他想将计就计，遂了山本的愿，与山本展开决战。马本斋计划先让他们的一部分兵力暴露出来，贪婪的山本就一定会跟上，如果他不想跟的话，就先让他咬一小口，引他上钩。于是马本斋立刻下令将指挥所移往王家坟。

马本斋为了引出山本，故意将自己暴露。詹有才得知马本斋的行踪后，急忙回去报告给山本。于是山本立刻集结兵力，企图一举消灭尚在冀中坚持战斗的回民支队。

大量的日军涌向马本斋的部队，马本斋判断，敌人虽然对他已完成战役包围，但对他的具体位置还没搞清楚，尚未形成合击之势。在没有摸清敌人的意图和行动方向之前，部队不可轻率行动，否则即有全军覆灭之危险。马本斋随即派出几支精干侦察分队了解敌情，接着从地图上寻找合适的隐蔽地点。根据地图标记，阜东千顷洼有一大片丛林，于是下令部队立刻前往千顷洼。部队星夜出发，边吃边行，向千顷洼急进。到达目的地后，才发现大片丛林已被敌人强制砍伐，只剩下许多荆棘，大树稀疏，部队难以隐蔽。司令员命令部队立即进入附近的高庄、纪庄两个小村子。司令部设在高庄村北的小场屋内，战士们严密设防，封锁消息，子弹上膛，整装待命。

这时，侦察员陆续回司令部报告敌情，地方党委的敌工部门也派内线送来紧急情报。马本斋临危不惧，运筹帷幄，断定敌人从南、西、北三面张开口袋，渐次向东推进，逼迫他进入极其危险的两难境地。如他向西运动，必钻入敌人口袋；如向东，则顺势压迫他到津浦、德石两线交汇处之三角地带以聚而歼之。形势危如累卵，必须即刻做出决断。有人建议应趁东侧无敌时进军渤海，马本斋断然否决。他说："敌人必然已在津浦、德石两路置重兵以待我，东进无异自投罗网。"许多人提议趁夜幕向西突围，但这时敌人的汽车、坦克和马队已严密封锁阜景公路和阜东公路，此时往西突围，等于向敌人枪口上撞。马本斋处变不惊，指挥若定，他严令部队隐蔽，只要不被发现，即使敌人擦肩而过也不可开枪，他认为，敌人必会向东跟进，以达其歼他于津浦西侧之目的，随着敌人兵力的运动，西、南、北公路上的封锁线必将出现薄弱环节。那时，再出其不意，一鼓而西，在敌人口袋底部捅一个窟窿。指挥员们经过短暂而激烈的争论后同意了马本斋的突围方案。

接着，以中队为单位传达马司令员的命令，进行战斗动员，要求每个共产党员准备为国牺牲，一旦战斗令下，要奋勇出击，冲锋在前，并号召指战员节省弹药，上好刺刀，进行白刃战。

天近拂晓，敌人的车队向高庄、纪庄开来，因村西有一片沙窝土岗，遂绕村而过，大队日军沿村边道路向东涌来。战士们埋伏在院墙内，机上遮个扫帚直指数米外的敌人。敌人估计我军早已东撤，遂不加搜索，急急东进。天亮前，敌主力已离开高、纪庄二十余里，西部封锁线上的敌兵力大大减少。马本斋当机立断，率领部队向西突围。为不惊动远处的敌人，一大队三中队首先与日军后卫搜索分队展开肉搏战，将 14 个敌人刺死 13 个。由于逃敌开枪，惊动了运动中的大队日军。日、伪军迅速在距纪庄 50 米、100 米和 150 米处设下三道防线，以密集的火力封锁了向西突围的路。一大队和政治部机关编组几支冲锋队，向敌人的阵地猛烈冲击。一个战斗小组在弥漫的风沙和硝烟中，借着树丛的掩护，突进敌机枪阵地。小队长李富贵和战士们挥大刀斩断敌首，摧毁了敌人的火力点。副大队长哈星辰带领一大队趁机向敌人拼刺进击，冲击封锁线。驻在高庄的第二、第三大队在马本斋直接指挥下，兵分两路向西突围。许多战士脱掉上衣，端着刺刀，赤膊上阵。一时间杀声震天，血光四溅，敌人一排排倒下，而我们的战士们也英勇牺牲了。

马本斋料定东去之敌听到枪声必定返回，且骑兵先到，步兵后继，在突围时已命令分队长带领一支精干人马占据有利地形伏击西返日军。正在大部队向西突围的紧要关头，日军骑兵一部返回高、纪庄，企图袭击马本斋的侧背。马本斋的伏击部队一齐开火，敌骑大乱，自相践踏，残余部队掉头东窜。

这时，三个大队已分别突破敌人的封锁线，在纪庄西一华里处的开阔地带集结。马本斋率领支队健儿，群威群胆，奋勇杀敌，在摧毁连家岗子敌机枪、迫击炮阵地后，向西急进。一大队的炊事员、卫生员、摄影记者甚至年仅 15 岁的警卫员也拿起铁铲、刺刀、手榴弹同敌人进行殊死搏斗，许多人血洒战场，为国捐躯。

这次战斗，山本的军队基本上全军覆没，再也难以在河间掀起大浪。惊闻此讯的冈村宁次立刻换掉山本，找来日本高级军官池田接手河间。池田到后对山本说："山本君，冈村司令官已经解除你的职务，由我来接替。"

山本无力地说："祝贺你，终于等到了这一天。也不知道岗村司令官会怎么发落我。"

池田为难地说："岗村已通过陆军部，将你调往缅甸。山本君，那儿的条件可是……"

山本笑笑说："知道。又让我去征服另外一个民族了。"

池田看见山本的表情问道："怎么，有困难吗？"

山本摇了摇头说："没有困难，只是有一点疑惑，一个民族想要去征服另外一个民族是不可能的事。"

池田听后生气地说："山本君，你怎么能说出这样的话？"

山本见池田发火了，只是浅笑道："池田君，你也别发火，我只不过是早说了两天，我保证在不久的将来，你也会说出同样的话来的。池田君，这里的事，拜托了。"于是池田和山本互相鞠了一躬，算是告别，山本就这样消失在中国的战场上了。

山本没有说错，在以后池田和马本斋一次又一次的对决中，池田都损失惨重。连自认为很了解马本斋的山本都没办法消灭马本斋，更何况是一点儿也不了解马本斋的池田呢？

在这之后，马本斋带领着回民支队打了一次又一次的胜仗，为抗日战争的胜利做出了巨大贡献。

第五节：将星陨落

这天，生病的马本斋坐在长椅上边写着战斗日记，边回想着自己的一生。自己和父亲去为人赶马，后来当兵，又解甲归田，和淑芳成亲，大哥马守棚被鬼子打死，儿子的出生，母亲的去世，仿佛都历历在目，时间可过得真快啊。

这时只听见郭政委的声音："司令、司令，好消息啊，大喜事啊。"

马本斋听到后慢慢地起身说："啥事啊？看把你乐得。"

郭政委高兴地说："毛主席和中央军委要调咱们回民支队去延安啊，这可不是大喜事吗？"

马本斋一生都十分崇拜毛主席，就想着能够和他见上一面，不太相信地说："你说的是真的？"

郭政委回答说："千真万确，比金子还真。调动命令刚刚到司令部，是真的，司令。"

扶着马本斋的淑芳也十分高兴，开心地说："本斋，真是太好了，这么说我们可以去延安，见到毛主席和朱总司令了。"

马本斋忍不住内心的激动，要去司令部亲眼看看传来的命令。可是刚没走两步，就没了力气，幸好有淑芳搀扶着，不然就真的会摔好大一跤。淑芳急忙劝阻让他先到卫生队去，马本斋还发着烧，一直都瞒着大家不肯说，于是被郭政委和几个警卫员强行带到了卫生队。

经过医生的检查，马本斋是长了毒疮，由于他长期积劳成疾，再加上一直隐瞒着大家耽误了最佳治疗时间，病情有点严重，于是开了药，让淑芳好好地照顾。

淑芳不辞辛苦地照顾着马本斋和小金树，小金树随着年龄的长大也越来越懂事，天天陪在马本斋的身边。冬天到了，天气也越来越冷，可是马本斋的心十分暖和，此时淑芳正在细心地伺候着马本斋吃药。马本斋吃过药后就问小金树以后长大了要干什么。

小金树看着马本斋说："爹，等我长大了，我也要和爹一样打鬼子。"

抗日英雄
马本斋

马本斋笑着说："到那时候，鬼子早没啦。"

于是小金树想了想又说："那我就跟爹一样，好好孝顺娘。"

淑芳和马本斋都哈哈大笑。淑芳说："这小家伙，还真是长大了。"

马本斋接着又说："不只要孝顺娘，还要为国效力，知道吗？"

懂事的小金树连忙答道："知道了，爹，我一定会记住的。"

马本斋转过头对淑芳说："以后又要辛苦你了。"说完就靠着长椅睡着了。

1944 年初，八路军回民支队按毛主席和中央军委的命令离开冀中抗日根据地向延安转移。由于马本斋病情严重未能跟随部队前往延安，由郭六顺政委带着回民支队前去与杨得志司令员的部队会合，再前往延安。战士们得知马本斋不能前往延安纷纷前来探望，还吵着要等马本斋病好了才去延安。马本斋安抚着战士们，说让他们先去，他随后就到，还叮嘱郭政委到了延安一定要帮他向毛主席敬个礼。

部队出发的那天，马本斋前来相送，看着自己的战友一个个地离开，他伤心地对淑芳说："我从来没有离开过回民支队，也从来没有离开过我的战友们，我不想离他们太远哪。"说完就向着远去的回民支队敬了一个军礼，久久也没放下。

1944 年 2 月 7 日，马本斋病情恶化，离开了他一直英勇奋战的抗日战场时，年仅 42 岁。毛主席惊闻噩耗，悲痛不已，亲笔题写挽词来悼念：马本斋同志不死。

周恩来挽道：民族英雄，吾党战士。

朱德总司令挽道：壮志难移，汉回各族模范；大节不死，母子两代英雄。

是的，马本斋这个抗日英雄将永远活在中国人民的心中，世世代代，永垂不朽！